Detlef Eigenbrodt
WAS TUN, WENN MAN ES TUT?

Detlef Eigenbrodt

Was tun, wenn man es tut?

Offene Worte für Seelsorger und Berater zum Thema »Masturbation«

Projektion J Buch- und Musikverlag GmbH, Wiesbaden

Buch- und Musikverlag GmbH
Rheingaustraße 132, 65203 Wiesbaden

ISBN 3-89490-084-9

Die Bibelstellen wurden, wenn nicht anders angegeben,
der Elberfelder Bibel entnommen.

Umschlaggestaltung: Petra Louis

Satz: Projektion J Buch-und Musikverlag GmbH, Wiesbaden
Druck: Schönbach Druck GmbH, Erzhausen

1 2 3 4 98 97 96 95

Für alle,
die es genauer wissen wollen
und sich nicht mit schnellen Antworten zufrieden geben.

Mit heißem Dank an Sabine und Uli
für alle Korrekturarbeiten.

INHALT

GELEITWORT

Es gibt heiße Themen und noch heißere. Hier geht es um ein ganz heißes. Eins, über das man kaum spricht und wenn, dann in sehr allgemein gehaltenen Redewendungen. Und doch ist es ein Thema, das viele betrifft.

Was tun, wenn man es tut? Es geht um Selbstbefriedigung.

Wer mit jungen Leuten arbeitet und wer Zugang zu ihren Herzen hat, weiß, daß hier für viele ein wunder Punkt in ihrem Leben ist. Was sagt die Bibel darüber? Ist Selbstbefriedigung Sünde oder wertneutral oder sogar notwendig, um nicht zu verkümmern, wie manche behaupten? Wie soll man hier bewerten? Was ist eine seelsorgerlich verantwortbare Position?

Gut, daß Detlef Eigenbrodt dieses heiße Thema anfaßt. Er gibt keine simplen Antworten, sondern versucht, den Leser zu eigenem Nachdenken zu veranlassen.

Allein das ist schon hilfreich und wichtig. Viele leiden ja an ihrer eigenen Sprachlosigkeit. Noch immer sind Scham und Schuldgefühle oft das erste, was hochkommt.

Für viele ist es das Problem Nr. 1 in ihrem Leben. Gut, daß wir von einem Gott wissen, der uns nicht mit einem Katalog von moralischen Anforderungen entgegenkommt, sondern als liebender Vater, der grundlegend »ja« zu uns sagt.

Viele erleben Selbstbefriedigung nicht als erfüllenden Ausdruck ihrer Sexualität, sondern als zwanghaftes Handeln, das zum Abbau von Frust und Streß eingesetzt wird. Gut, daß wir Gott kennen als Helfer, als tröstenden und heilenden Geist.

Für viele ist Selbstbefriedigung ein Grund, sich selbst abzulehnen und zu verachten. Gut, daß wir Gott kennen als Freund, der ganz zu uns steht und der sich selbst für uns gegeben hat.

Am Ende geht es ja gar nicht um »Selbstbefriedigung – Ja oder Nein«. Die inneren Probleme, die eigentlichen Kaputtmacher, verbergen sich oft nur unter äußeren Handlungen. Hier müßten wir ansetzen, wenn wir biblisch leben wollen. Deshalb ist es entscheidend, daß ein neues Klima der Offenheit, des Gesprächs und der Annahme in unseren Gemeinden gewonnen wird. Wir brauchen Gemeinden, in denen Menschen ihre Masken ablegen können und ganz offen, ganz verletzlich, ganz ehrlich werden können. Wo Themen wie Selbstbefriedigung, aber auch ganz andere, nicht mehr ausgegrenzt werden. Wo wir uns nicht als krampfige »Möchte-gern-Heilige« begegnen, sondern als begnadigte Sünder, als verwundete Genesende, als echte Menschen. Denn genau für die ist Jesus ja gekommen, der Arzt für die Kranken.

Dann werden wir gemeinsam erleben, daß das Versprechen auch heute erlebbar ist: »Der dir alle deine Sünden vergibt und alle deine Gebrechen heilt« (Psalm 103).

Denn letztlich sind für Jesus unsere Sünden und Wunden, unsere Zwanghaftigkeiten und Grenzerfahrungen nur der Rohstoff für seine bedingungslose Zuwendung. Das biblische Wort dafür ist Gnade. Und dieses Buch ist ein Kanal, durch den das heiligende Wasser dieser Gnade manchen erreichen kann.

Das wünsche ich mir und dir.

Roland Werner
September 1995

EINLEITUNG

Viele fühlen sich schuldig, die mit Masturbation zu tun haben. Warum eigentlich? Die Frage »Ist Masturbation Sünde?« ist immer noch so aktuell wie eh; aber eine befriedigende Antwort hat bisher wohl kaum jemand gegeben. Eine andere Sorge, die immer wieder auftaucht, ist die: »Warum tue ich das eigentlich? Ich meine, ich will doch gar nicht, was ist bloß los?«

Ich mag keine »Instant-Antworten« – weder, wenn ich sie geben soll, noch wenn ich sie bekomme. Deshalb lohnt sich eine Auseinandersetzung mit diesem komplexen Problem der Masturbation durchaus.

Die Frage nach dem Grund für das autoerotische Verhalten ist von großer Bedeutung. Ich spreche des öfteren davon, daß das eigentliche Problem erkannt werden muß. Ja, ich bin überzeugt, daß die Masturbation einen Hintergrund hat, den wir nicht auf Anhieb erkennen. Wir müßen regelrecht daran arbeiten, Licht in die Sache zu bringen. Nicht das »imaginäre Befriedigen der eigenen Sexualität« ist die Not, sondern der Antrieb dazu. Ich versuche herauszustellen, daß es auf diese Frage keine pauschale Antwort geben kann und darf. So, wie der Mensch und seine persönliche Situation individuell ist, muß es auch die Lösung sein. Freilich, in Einzelfällen kann es da zu Übereinstimmungen kommen.

Hauptaufgabe ist also, den Hintergrund zu erhellen, um von ihm her die Lösung zu suchen. Wenn jemand stark masturbiert, weil er eigentlich einsam ist und Geborgenheit sucht, liegt die Lösung nicht darin, »einfach so mit der Masturbation aufzuhören«, weil man ja nun den Grund kennt. Die Einsamkeit muß gebrochen, die Sehnsucht nach Geborgenheit auf andere Weise gestillt werden. Dann liegt nahe, daß auch die Masturbation unnötig wird.

Darum kann ich in Frage stellen: »Vielleicht ist's doch keine Sünde …« – Nicht die Auswirkung ist Schuld, sondern, wenn überhaupt, dann die zugrundeliegende Ursache. »Wenn überhaupt« sage ich deshalb, weil sich die Ursachen ja stark voneinander unterscheiden können. Niemand würde die Sehnsucht nach Liebe und Geborgenheit als Sünde bezeichnen. Wo aber ein deutlich egozentrisches Verhalten vorliegt, wird die Antwort anders ausfallen.

Ich bediene mich mancher psychologischer Erkenntnisse – wenngleich ich längst kein Psychologe bin. Das heißt aber nicht, daß ich mehr von der Psychologie als von Gott erwarten würde. Ich stelle den christlichen Glauben oder gar den Glauben an die Möglichkeiten Gottes nicht an den Rand. Im Gegenteil. Für mich gibt es hier ehrlicherweise keine Trennung. Gott kann durch die Anwendung psychologischer Erkenntnisse wirken und helfen, das bestreiten heute nur noch wenige.

Lassen Sie sich also ein auf dieses Buch. Nehmen Sie es als Hilfe für sich selbst, oder als Arbeitsbuch und Anleitung in der eigenen seelsorgerlichen und beratenden Praxis. Dazu ist es geschrieben und verlegt worden, um Menschen zu helfen.

Detlef Eigenbrodt
Berg, Ofr.

Kapitel 1

Die Wortbedeutung

In den Sexualwissenschaften werden verschiedene Bezeichnungen verwendet:

1. Onanie[1]

   Dieser Begriff wurde nach Onan (Gen 38,8f) geprägt.

   »Da sagte Juda zu Onan: Geh zu der Frau deines Bruders ein, und geh mit ihr die Schwagerehe ein, und laß deinem Bruder Nachkommen entstehen! Da aber Onan wußte, daß die Nachkommen nicht ihm gehören würden, geschah es, wenn er zu der Frau seines Bruders einging, daß er den Samen auf die Erde fallen und verderben ließ, um seinem Bruder keine Nachkommen zu geben. Und es war böse in den Augen des Herrn, was er tat; so ließ er auch ihn sterben.«[2]

2. Selbstbefleckung[3]

   Dieser veraltete Ausdruck gibt dem ganzen »Problemkomplex« um die Masturbation den Hauch einer »Sondersünde«.

3. Selbstbefriedigung[4]

   Hier haben wir es mit dem wohl am häufigsten gebrauchten Begriff zu tun. Der Gedankenansatz zu dieser Formulierung liegt darin, daß ein Mensch sich selbst seine sexuelle Befriedigung schafft.

4. Ipsation[5]

   Stammend vom lat. *ipse* = »selbst«. Beim Gebrauch dieses Begriffes geht man von Autoerotik mit Bezug auf einen bestimmten Körperteil aus. Dabei kommt keine Erregung von außen, also extern, sondern wird selbst »produziert«. Intendiertes Ziel dieser Selbsterregung ist das Erleben eines Orgasmus.

5. Masturbation[6]

In den Fachwissenschaften benutzt man seit ca. 200 Jahren den Begriff »Masturbation«, abgeleitet vom lateinischen
manu = mit der Hand und
stuprare = entehren, besudeln, Unzucht treiben.

Eine genaue Klärung, welcher Begriff verwendet werden sollte, ist letztlich nicht möglich, weil solch eine Klärung immer auch mit der Voreinstellung zusammenhängt, mit der man an den Sachverhalt herangeht. Deutlich ist aber, daß da, wo **Onanie** als Bezeichnung gebraucht wird, der biblische Zusammenhang falsch ausgelegt wird. Onan brach den Geschlechtsverkehr mit seiner Schwägerin ab, weil er ihr keine Nachkommen zeugen wollte. Das hat primär nichts damit zu tun, daß er nur sein eigenes Verlangen stillen wollte. Korrekt müßte man hier von einem »unterbrochenen Geschlechtsverkehr« (*Koitus interruptus*) sprechen.

Selbstbefriedigung trifft den Kern der Sache auch nur dann, wenn der in der Theorie gemachte Entwurf vom erlebten Glück sich in der Realität durchsetzt. Aus vielen Gesprächen wird ersichtlich, daß das aber nicht der Fall ist. Längst nicht immer wird die »Selbstbefriedigung« als echte Befriedigung des Selbst empfunden.

Von **Ipsation** zu sprechen ist in manchen Fällen durchaus möglich, nämlich da, wo der Mensch sich ohne gedankliche Vorlage, also praktisch »phantasielos«, mit der Hand an den Geschlechtsteilen bis zum Orgasmus reizt. Die Realität zeigt, daß auch das in den meisten Situationen nicht der Fall ist.

Somit entscheide ich mich dafür, den Begriff **Masturbation** zu verwenden. Dabei weiß ich aber sehr wohl, daß dem schon eigentlich eine moralische Bewertung zugrunde liegt. Denn nur dann, wenn ich den Vorgang des »Sich-selbst-zum-Orgasmus-bringen« als Unzucht deute, liege ich mit diesem Begriff richtig. Ich schließe mich dieser Vorentscheidung nicht an, deute den Vorgang nicht automatisch als Unzucht. Da aber nun keine der gängigen Bezeichnungen die »Sache« in der Tiefe trifft oder wiedergeben könnte, gebrauche ich hier den Begriff, den die Fachwissenschaften auch gebrauchen.

Einige Zahlen und Fakten[7]

Bis zum Alter von 15 Jahren praktizieren nahezu 100 % aller Jungen die Masturbation. Sie haben dies häufig von den Schulkameraden erlernt. Manche masturbieren regelmäßig, andere häufig und wieder andere tun dies nur in bestimmten Phasen ihres Lebens. Bei den Mädchen sind es in diesem Alter nur 25 % (mit steigender Tendenz, insgesamt spricht Tim Stafford[8] von 50-70 % aller Frauen), wobei Mädchen ihre Praktiken in aller Regel allein entwickeln. Es kommt sogar vor, daß Mädchen jahrelang masturbieren, ohne sich bewußt zu sein, was sie eigentlich tun. Der Prozentsatz nimmt mit zunehmendem Alter zwar deutlich ab, erreicht beim ledigen 40jährigen aber immerhin noch 60 % und bei Verheirateten über 20 %. Es fällt auf, daß die genannten Zahlen der masturbierenden Jugendlichen zwischen den Geschlechtern weit auseinander gehen. Heinz Remplein schreibt, warum:

> *»Der Sexualtrieb tritt bei der männlichen Jugend viel roher und unverhüllter zutage, wirkt viel mehr hinein ins Bewußtsein und ist in weit höherem Maße an die Geschlechtsorgane gebunden. Bei der weiblichen Jugend dagegen tritt er sublimer* (lat. = erhaben, fein, nur einem feineren Verständnis oder Empfinden zugänglich, Duden) *und verhüllter, in einem Verlangen nach Zärtlichkeit und Liebkosung zutage, bleibt weit mehr im Unbewußten und ist durch größere Diffusität gekennzeichnet, d. h. weniger an den organspezifischen Reiz gebunden, als vielmehr in allgemeiner körperlicher Unruhe sich äußernd. Damit hängt zusammen, daß er beim Jungen in höherem Grade aktiv auf organspezifische Befriedigung, beim Mädchen dagegen passiv auf »Erweckung der organspezifischen Befriedigungsmöglichkeiten« angelegt ist. Aktivkonzentrierter Triebcharakter des Mannes und passiv-diffuser der Frau sind anatomisch-physiologisch bedingt: Beim Manne sind die Geschlechtsorgane äußerlich gelegen und darum Reizungen in stärkerem Maße ausgesetzt, bei der Frau liegen sie wohlgeschützt im Leibe; beim Manne kommt Erregung auch ohne äußeren Reiz, unter der Wirkung des aufgestauten Samens, zustande und ist lokal umschrieben, beim Weibe wird sie normalerweise weniger durch innere, organische Reize hervorgerufen und ist zudem entsprechend der Zusammengesetztheit der Geschlechtsorgane verteilter.«*[9]

Eine vor kurzem fertiggestellte Studie über das Sexualverhalten läßt aufhorchen. Da gibt es zum Teil ganz andere Ergebnisse, als die bisherigen Studien herausgebracht hatten. Eine der größten und wohl bekanntesten Untersuchungen, der Kinsey-Report, hat enorm an Bedeutung verloren, nachdem bekannt geworden war, daß die Befragungen an Orten durchgeführt wurden, an denen sich die Leute ohnehin leicht taten, über ihr Sexualleben zu berichten: in Billigabsteigen, Gefängnissen, College-Wohnheimen und bei Anhaltern. Die von der Universität Chicago durchgeführte Befragung kann dagegen für sich den Anspruch erheben, repräsentativ zu sein. Immerhin wurden knapp 3 500 Frauen und Männer im Alter von 18 bis 59 Jahren befragt. Auch für unser Thema gibt es dabei einige interessante Ergebnisse. Demnach sind nicht in erster Linie Singles (wie bisher meistens angenommen) die von der Masturbation Betroffenen, sondern eher Menschen, die häufig Sex mit Partnern hatten oder haben. 63 % der Männer und 42 % der Frauen gaben an, innerhalb des letzten Jahres masturbiert zu haben (Name der Studie: *Sex in America, A definitive Survey,* zit. in: Family 4/95, Hrsg. Bundesverlag Witten)

Selbst bei den, wie sich in dieser Studie wieder zeigte, hohen Prozentzahlen aktuell Betroffener ist dieser Bereich ein Tabuthema. Man spricht zwar hin und wieder über die »Sache«, aber selten über persönliche Betroffenheit. Die aktuellen Jugendzeitschriften haben das erkannt und thematisieren es deshalb, oft auch in Interviews. Da wird ein Defizit in der Aufklärung durch Familie, Schule und Kirche entdeckt und ausgefüllt. Die dabei vorgeschlagene Richtung bleibt noch zu hinterfragen. Wo aber bleibt die den Menschen beachtende Stellungnahme der Christen? Eine gewisse Vielfalt der in einschlägiger Literatur abgegebenen Statements macht es dem Betroffenen auch nicht leichter, einen Standpunkt, einen Wert zu finden und zu vertreten.

Schauen wir uns zunächst an, wie die Masturbation in der Geschichte behandelt und »therapiert« wurde.

Kapitel 2

Die Masturbation in der Geschichte

Grundsätzlich muß man sagen, daß sich in der älteren christlichen Literatur kaum ausdrückliche Hinweise auf die Masturbation finden lassen. Das wird anders im Mittelalter, das in jeder Hinsicht ein sehr ambivalentes Verhältnis zur Sexualität hatte, das sich durchaus auch in einer kräftigen moraltheologischen Auseinandersetzung mit diesem Gebiet niederschlug.

> *»Selbstbefriedigung ist als eine nicht-gottgewollte sexuelle Betätigung, ja, als Selbstbefleckung hingestellt worden. So nannte der Kirchenvater Thomas von Aquin (1225-1274) die Selbstbefleckung eine schwerere Sünde als die Unzucht, also den Mißbrauch der Sexualität mit anderen Partnern oder Gegenständen. In den mittelalterlichen Bußritualen spielte die Selbstbefriedigung, sprich Selbstbefleckung, eine maßgebliche Rolle – weitaus beherrschender als etwa die Sodomie, der sexuelle Umgang mit Tieren. So wanderte sie auch in den Beichtspiegel hinein, denn Erwachsene wie Kinder mußten sich bei ehrlicher Prüfung eingestehen, daß sie immer wieder dem Laster der Selbstbefriedigung anheimfielen. Das erforderte Absolution, und wenn diese nicht erteilt wurde, führte das schließlich zu fürchterlichen Strafen. Die theologischen Strafmaßnahmen stürzten den Menschen naturgemäß in die Hölle, also in die Verdammnis der Seele. Die Vorstellung, die dahinterstand, ging davon aus, daß der Mensch seine Energie zum Dienst an Gott und den Menschen einzusetzen hatte.«*[10]

Der Theologe Dr. S. C. Kapff, Generalsuperintendent von Reutlingen, schrieb in einer Konfirmandenbelehrung, die 1887 in 15. Auflage erschien:

> *»Eine besondere Art von Unkeuschheit ist auch die, wenn man die Geschlechtsteile unnötigerweise berührt oder damit spielt. Das tun oft schon ganz kleine Kinder, und ich habe schon manchmal einem Kinde*

auf die Hand geschlagen, weil es den Ort berührte, den Gott zu verbergen befohlen hat ...«[11]

Es folgt dann der imaginäre Beweis, wie zwecklos, sündig und verderblich die Selbstbefriedigung ist:

»Das männliche Geschlecht darf von seinem Samen erst wenn es ungefähr im dreiundzwanzigsten Jahre zu einer vollen Reife gelangt ist, auf dem keuschen Wege der ehelichen Gemeinschaft ein klein wenig abgeben an das weibliche Geschlecht ..., damit es befruchtet wird. Beides ist das Werk eines Augenblicks, und nichts ist törichter, als diese Sache sich in der Phantasie als etwas ganz besonderes auszumalen. Es ist ein wahres Kunststück des Satans, daß er die Geschlechtervermischung, überhaupt den Reiz der Unkeuschheit, den Phantasien leichtsinniger Menschen als etwas besonders Glückliches vorzaubert.«[12]

Den Aussagen der Theologen folgen die der Mediziner:

»Der Verlust von 25 Gramm Samen schwächt den Körper mehr als der Verlust von etwa zwei Pfund Blut.«[13]

»Der Herd dieser Krankheit befindet sich im Rückenmark. Oft sind es jungverheiratete oder lüsterne Menschen, die davon betroffen sind. Sie magern ab, siechen dahin und erliegen letztlich dem Fieber.«[14]

1867 sagte Henry Maudsley, einer der größten britischen Ärzte der damaligen Zeit:

»Die Masturbation ist durch extreme Perversion gekennzeichnet. Masturbieren führt zu schwacher Intelligenz, Halluzinationen und der Tendenz zu Selbstmord und Mord.«[15]

Masturbierende waren also potentiell verrückte Killer, und es schien nur weise, sie in Anstalten unterzubringen.

Schon 1760 hatte ein geachteter Schweizer Arzt namens Tissot ein einflußreiches Buch veröffentlichte, das die angeblich durch Masturbation ausgelösten Störungen abhandelte. Dabei wirft es ein bezeichnendes Licht auf die damalige Denkweise, daß seine Thesen ohne jeden Widerspruch blieben. Der Autor behauptet:

»Masturbation sei eine Sünde und ein Verbrechen und verursache Krankheiten wie Auszehrung, Verschlechterung der Sehkraft, Verdauungsstörungen, Impotenz ... und Wahnsinn.«

Schließlich sah eine Reihe von Ärzten in der ganzen westlichen Hemisphäre die Masturbation als Ausgangspunkt für viele körperliche Schwierigkeiten. Benjamin Rush zum Beispiel, einer der Begründer der amerikanischen Psychiatrie, veröffentlichte 1812 ein Buch mit dem Titel *Medical Inquiries And Observations Upon The Diseases Of The Mind* (»Medizinische Forschungen und Beobachtungen bei Geisteskrankheiten«). Rush meint:

»... das Masturbieren sei nicht nur die Ursache für Wahnsinn, sondern auch für Samenschwäche ... Schwindel, Epilepsie, Gedächtnisverlust und sogar den Tod.«[16]

Die Methoden, mit denen Ärzte vor allem im 17. und 18. Jahrhundert versucht hatten, dem Übel beizukommen, sahen wie folgt aus:

»Man band den Kindern die Hände fest, damit sie – etwa bei längeren Kinderkrankheiten – nicht an die Geschlechtsteile gelangen konnten. Zwangsjacken wurden entwickelt, die nur rückwärts zu schließen waren und deren Ärmel die Arme auf der Brust festhielten. Es gab Onanieverhinderungsgürtel, die aus Segeltuch bestanden und durch Achselbänder gehalten wurden. In der Gegend der Genitalien befand sich ein Metallschild, das jede mißbräuchliche Berührung ausschloß. Ein Mediziner empfahl das Tragen extralanger Hemden, die unterhalb der Füße zusammengebunden werden sollten. Der ganze Körper wurde sogar mittels kleiner Federschlösser und umlaufender Gurte so eingeschnürt, daß der gleiche Zweck erreicht wurde. Geräte aus Eisendraht und käfigähnliche, abschließbare Bauer wurden um die Geschlechtsteile gelegt und mit Riemen befestigt.«[17]

In England begegnete man um 1850 der Onanie bei Mädchen sogar durch operative Entfernung der Klitoris[18]. In einer pädagogischen Schrift von 1911 ist zu lesen:

»Die Masturbation ist ein Verbrechen ... Es kann deshalb die Angewöhnung den völligen Verfall des Körpers und des Geistes jenes Individuums herbeiführen, welches diesem Laster frönt.«[19]

Stellt man sich diese Denkart und ihre praktischen Folgen vor Augen, wird deutlich, warum sich bis weit in dieses Jahrhundert hinein kaum eine vernünftige Einstellung zur Masturbation finden läßt. Die Dokumente, die uns aus dieser Zeit zur Verfügung stehen, legen den Verdacht nahe, daß sie allesamt von der Voreinstellung ausgehen, Sexualität sei etwas Schlechtes und deshalb zu Verdammendes. Da haben Menschen aufgrund ihrer Moralvorstellung und ihrer Prägung ein Bild über den Umgang mit Sexualität gezeichnet, das nicht nur mehr als fraglich ist, sondern auch ohne Zweifel viel Leid und Nöte verursacht hat.

- Masturbation wird mit einem Verbrechen verglichen, das zum Verfall des Körpers führen könnte. Aber wieso? Was hat ein Verbrechen mit dem Verfall des Körpers zu tun?

- Masturbation soll dadurch bekämpft werden, daß man Kinder und Jugendliche in Zwangsjacken und käfigartige Keuschheitskleidung sperrt. – Ob man dabei an die Folgen für die Betroffenen dachte?

- Masturbation soll zur Abmagerung und zum Tod durch Fieber führen. Dafür gibt es ebensowenig biologische Beweise wie für die Theorie, daß man durch häufiges Masturbieren schwachsinnig oder gewalttätig wird.

Im Gegenteil ist aber wohl sehr deutlich durch Biologen gezeigt worden, daß Masturbation, wie häufig auch immer sie praktiziert wird, zumindest keine biologischen Fehlentwicklungen zur Folge hat.[20] So hört man heute einen ganz anderen Ton in der »Propaganda« um den »self-made-sex«:

> *»Die Lust am eigenen Körper ist weder eine Schande noch ein Leistungskurs. Ein für alle Mal: Onanie ist voll in Ordnung. Für Mädchen genauso wie für Jungen. Ob man einen Freund, eine Freundin hat oder nicht. Egal, wie alt man ist. Und die Gedanken sind frei dabei. Nichts und niemand ist oder wird dadurch krank oder dumm im Kopf. Auch die sexuelle Potenz wird nicht beeinträchtigt. In diesem Sinne: viel Vergnügen!«*[21]

Biologen, die die Masturbation ausdrücklich empfehlen, meinen:

> *»... eher besteht Grund zu der Annahme, daß häufige Masturbation in der Jugend eine nicht zu unterschätzende Vorbereitung auf das spätere Eheleben sein kann ...«*[22]

Alex Comfort, britischer Sexualforscher in der zweiten Hälfte unseres Jahrhunderts, gibt Eltern einen Rat für die Sexualerziehung ihrer Kinder, den sie weitergeben sollten:

> *»Ihr werdet, wenn dies nicht schon geschehen ist, bald merken, daß das Reiben der Geschlechtsteile besonderen Genuß verschafft. Ihr sollt das recht oft tun, weil es eine gewisse Vorbereitung auf den späteren Geschlechtsakt darstellt und ganz natürlich und unschädlich ist …«*[23]

In dieser Richtung arbeitet auch die sexuelle Revolution der sechziger Jahre (Vertreter dieser Gedanken sind u. a. Hartmut Reiche und Helmut Kentler). Von ihnen bekommt man den Rat,

> *»… daß Jugendliche es gar nicht erst zu einem Triebstau kommen lassen, sondern sich selbst und natürlich auch gegenseitig auf jede ihnen richtig erscheinende Weise befriedigen sollten.«*[24]

Und die aktuellen Jugendzeitschriften informieren ebenso. In einer Ausgabe der *BRAVO* liest man im Herbst 1994 unter der Überschrift »Verliebte Jungs« von zwei Teenagern, die beim gemeinsamen Betrachten von Pornoheften die gegenseitige Erregung entdeckten. Sie befriedigten sich dann gegenseitig; daraus wurden häufige Treffen, die eben dem Zweck der gegenseitigen Masturbation dienten und dienen. Auf die Frage, ob sie homosexuell seien, antworteten sie: »Nein, wir machen das nur der Befriedigung wegen, zu zweit ist es eben doch schöner als allein. Wenn wir mal 'ne Freundin haben, hören wir natürlich wieder auf damit …«

Weitere Ausschnitte aus Zeitschriften:

> *»… wenn ich abends alleine in meinem Zimmer auf dem Bett liege und leise Schmuserock höre, stelle ich mir oft vor, wie schön es wäre, ein liebes Mädchen im Arm zu halten. Dabei kommen oft heiße Gedanken in mir hoch. Klar, daß ich da auch ab und zu mal onaniere …«*[25]

Auf einen Leserbrief mit der Frage, ob häufiges Onanieren schadet, antwortet Dr. Kappler:

> *»… Es schadet den Hoden weder, wenn man oft, noch wenn man selten Samenergüsse hat … in deinem Alter* (15 Jahre, Junge; Anm. des Autors) *ist die sexuelle Leistungsfähigkeit so hoch wie nie wieder in deinem späteren Leben, du verfügst über riesige Reserven und brauchst*

nicht zu sparen. Du solltest dir daher nicht irgendwelche unnötigen Disziplinierungsmaßnahmen auferlegen und z. B. noch zwei weitere Tage zu warten, wenn du den Drang verspürst zu onanieren. Du wirst dann womöglich nur gereizt und nervös, und davon hat keiner was …«[26]

Eine Aufklärungsschrift von der Stiftung Warentest empfiehlt:

»… früher galt onanieren als unanständig. Heute ist es schon eine Selbstverständlichkeit geworden … du sollst wissen, daß es etwas völlig Normales ist. Es ist ein Zeichen von Körpergefühl und Lebensfreude, von Sinneslust und Wohlbefinden. Du brauchst dich dessen nicht zu schämen …
Für die meisten Mädchen wäre es allerdings gut, wenn sie häufiger onanieren würden – es gibt keine bessere Gelegenheit, um an sich selbst zu erfahren, wobei und wie erotische Lust entsteht, was einem gefällt und was nicht … du tust das nur für dich, für niemanden sonst. Das ist eine sehr gesunde Form von Egoismus … später, wenn du einmal mit einem Mann schlafen willst, weißt du viel besser, was dir Lust bereitet …«[27]

Tim Stafford faßt die Haltung der Befürworter der Masturbation in provokativer Weise abschließend so zusammen:

»Natürlich ist Selbstbefriedigung längst nicht so schön wie Geschlechtsverkehr in einer Ehe – aber ist es nicht besser, friedlich mit ihr zu leben, als andauernd von Schuldgefühlen heimgesucht zu sein?«[28]

Diese neue Bewegung zielt sehr deutlich darauf ab, die Masturbation zu »legalisieren«. Und wenn wir die Handhabung dieses Themas in der Geschichte noch vor Augen haben, dann ist das kein Wunder. Eine »völlig normale Gegenreaktion« auf die vielen Verbote und Strafandrohungen äußert sich eben heute darin, daß die Praxis erlaubt, ja sogar empfohlen wird. Dabei ist zu beachten, daß aus einer biologisch-psychologischen Sicht argumentiert wird, nicht vorrangig aus der moralischen. So verständlich dieser Trend ist, so verwunderlich bleibt doch, daß er das eigentliche Problem nicht lösen kann. Sehr viele, vielleicht sogar die meisten, drücken aus, daß sie nicht tun wollen, was sie tun. Sie fühlen sich nicht wohl bei dem, was sie tun. Und das sollten sie doch eigentlich, nachdem die Verbote aufgehoben wurden. Das verdeutlichen auch Auszüge aus einem Briefwechsel mit Gerd M. (Name geändert):

»20.01.1992 Ich schäme mich für das, was ich getan habe. Vom vergangenen Montag bis heute habe ich mich jeden Tag selbstbefriedigt. Ich bin ein elender Versager, das kommt aus tiefster Seele ...
02.03.1992 Irgendwo frusten mich diese Erlebnisse schon. Aber ich habe trotzdem die Gewißheit, daß ich bald damit aufhören kann ...
06.07.1992 Bei meinen persönlichen Schwierigkeiten hat sich wenig geändert. Es liegt mir weiterhin am Herzen, daß diese lästige Selbstbefriedigung ein Ende nimmt ...
29.11.1992 Die Selbstbefriedigung ist für mich nach wie vor ein Problem, und zwar ein gar nicht zu kleines. Wir haben seit einigen Monaten Kabelfernsehen, da schaue ich mir oft Sexfilme an. Die Befriedigung kommt dann entweder während oder nach dem Film. Du kannst mir gar nicht glauben, wie sehr ich es hasse, das alles zu schreiben und natürlich zu machen. Ich möchte endlich raus aus diesem Zwang, diesem Gefängnis ausbrechen. Ich will da raus ...!«

Ähnlich wie Gerd geht es vielen. Sie masturbieren, oft schon sehr lange und häufig, und finden keinen Ausweg. Das hat mit psychologischen Vorgängen zu tun:

»Vor lernpsychologischem Hintergrund ist es wichtig zu wissen, daß der Orgasmus zu den stärksten und schönsten menschlichen Gefühlen gehört – damit wird alles, was im Umfeld der Sexualität bzw. des Orgasmus als Verhalten erlernt wird, immer sehr stabil bleiben, weil eben die Verstärker so gewichtig sind.«[29]

Wer einmal das Verhalten der Masturbation und damit das Erleben des Orgasmus einstudiert hat, wird sich immer wieder an dieses wunderbare Gefühl erinnern – und er wird es immer wieder erleben wollen. Der Orgasmus betrifft uns sehr stark als ganze Person. Er ist in seiner erlebten Intensität so aufwühlend, daß es schwerfällt, die damit verbundenen Gefühle und Erinnerungen einfach zu übergehen oder zu leugnen. Das Sehnen nach erneutem Durchwandern dieses fantastischen Gefühls verstärkt die Aktivitäten, wieder dahin zu kommen. Und selbst wenn man absolut davon überzeugt ist, daß man besser mit der Masturbation aufhören sollte, ist dieses Wissen in den entscheidenden Momenten wie weggeblasen. Hier wäre es völlig verkürzt zu sagen: »Du mußt nur wollen, dann wird es schon gehen ...« Dazu Ulrich Eibach:

»Das Hauptproblem besteht auch heute nicht in der Erkenntnis dessen, was das zu tun Gute ist, auch nicht in der denkerischen Ausein-

andersetzung mit den zahlreichen abweichenden Wertauffassungen, nicht in dem, was wir tun sollen, sondern ob wir es tun können ... Gegen das Tun dessen, was als gut erkannt und anerkannt wird, gibt es Widerstände verschiedenster Art, die im Menschen selbst und in den eigengesetzlichen Strukturen der verschiedenen Lebensbereiche liegen können, in denen man oft – trotz besten Willens und großer Anstrengung – nicht gemäß den für sich als verbindlich anerkannten ethischen Überzeugungen leben kann ... das heißt freilich nicht, daß Umgestaltungen von Strukturen entsprechend moralischen Überzeugungen grundsätzlich nicht möglich sind ... diese Überlegungen führen uns zu der unabweislichen Erkenntnis, daß ethische Maßstäbe und Werte nicht von jedem in gleicher Weise verwirklicht werden können, daß sie auf der Ebene der Umsetzung in die Lebensrealitäten, also des Könnens, dem Individuum gemäß, also personzentriert angewendet und zur Geltung gebracht werden müssen, also gemäß den dem Individuum eigenen Anlagen, Fähigkeiten, Möglichkeiten.«[30]

Diese Gedanken sind im Bereich der seelsorgerlichen bzw. therapeutischen Beratung weiter zu beachten. Vorab aber noch zu einer differenzierteren Betrachtung der Situation.

Kapitel 3

Die Kleinkind-»Masturbation«

In der *phallischen Phase*[31] betrachtet das Kind sowohl die Geschlechtsteile anderer (soweit möglich), als auch die eigenen. Dabei wird es sich der physischen Geschlechtsunterschiede bewußt. Im Zusammenhang damit beginnt das Kind, an den eigenen Geschlechtsorganen zu spielen und das Lustgefühl, das die Reizung dieser Körpergegend beschert, auszukosten.[32] Das bedeutet aber nicht, daß das Kind dies zum persönlichen sexuellen Lustgewinn tut. In dieser Phase ist das Empfinden der sexuellen Lust noch nicht vom Empfinden von Lust überhaupt abgehoben. Zu beachten dabei ist auch, daß das Kind vor der Pubertät keinen Orgasmus erleben kann. Somit sind die Gründe für das Verhalten in anderen Bereichen zu suchen.[33]

Bernhard Hassenstein schreibt dazu:

> *»Für ein Kind mit vielen Möglichkeiten der Beschäftigung ist die sexuelle Selbstreizung eine Möglichkeit zur Befriedigung unter vielen anderen und daher ohne herausgehobene Bedeutung … Normalerweise hat das Kleinkind so viele Betätigungswünsche, daß die Freude daran es völlig ausfüllt. Selbst wenn es angenehme Gefühle bei der Berührung der Genitalien entdeckt, ist es schnell durch andere fesselnde Wünsche abgelenkt. Dem intensiv onanierenden Kind fehlen diese erfüllenden Impulse. … ihr* (gemeint ist die Kleinkind-Masturbation, von Hassenstein Kleinkind-Onanie genannt, Anm. d. Autors) *Auftreten weist auf Beeinträchtigung der Verhaltensentwicklung in anderen Bereichen hin.«*[34]

Im Falle einer normalen Entwicklung, in der dem Kind Zeit, Liebe und Zuwendung gegeben wird, in der es Möglichkeiten hat, durch eigene Aktivität in den verschiedensten Lernbereichen Befriedigung zu finden, dürfte die Kleinkind-Masturbation kein bleibendes Problem darstellen. Größer ist der Anreiz zur Masturbation da, wo dem Kind von der Umwelt die Möglichkeit zu dieser eben beschriebenen Befriedigung[35] vorenthalten wird. Dann gewinnt die Möglichkeit zur sexuellen Selbstbefriedigung indirekt ihren überhöhten Belohnungswert (das Kind belohnt, befriedigt sich selbst, weil es das anderswo nicht bekommt und die Masturbation ein Weg der »einsamen Befriedigung« ist) und führt zum Erlernen und Wiederholen dieses Verhaltens.[36]

Neben diesem Grund, der durchaus prägend[37] für die Zukunft ist, nennt Hassenstein einen zweiten:

> *»... tritt die Verdrängung von Angst oder anderen bedrückenden Empfindungen aus dem Bewußtsein dazu. Bei Zwangshandlungen tritt dieses zweite Motiv in den Vordergrund: Je mehr bei lernfähigen Lebewesen alles Unbekannte Angst erregt, desto stärker wird die Tendenz zur Verengung des Verhaltens auf Bekanntes, und ein um so höherer Belohnungswert liegt im Wiederholen von gewohnten Verhaltensweisen. Das Verlassen der eingefahrenen Bahnen erregt Angst. Die Zwangshandlungen ihrerseits dienen jetzt der Angstabwehr.«*[38]

Heinz Remplein beschreibt die sexuelle Situation des Kindes sehr treffend und zusammenfassend:

> *»Es läßt sich nach allem nicht leugnen, daß Kinder schon längst vor der Pubertät gewisser Wollustempfindungen fähig und in ihrer Phantasie sexuell erregbar sind. Aber die Sexualität ist im Kindesalter wenig differenziert, wenig abgehoben vom Gesamterleben, hineinverwoben in das Strukturganze des seelischen Lebens, normalerweise noch kein selbstständiger Erlebnisbereich mit eigenem Gewicht.«*[39]

Man könnte hinzufügen: und wird nur durch Störungen in der Entwicklung übermäßig aktiviert.

Es gibt in dieser ganzen Debatte die verschiedensten Argumentationen, warum die Masturbation völlig in Ordnung sein solle, oder auch warum nicht. Viele Menschen haben sich dazu geäußert und ihren Standpunkt gesagt und vertreten. Nicht immer wurde dabei auf die Argumente der anderen Seite gehört, geschweige denn auf sie geachtet. In diesem Bereich von sexualethischen Themen hat es anscheinend keiner leicht, Orientierung zu finden oder zu geben. Zu sagen: »Das darf man aber nicht«, ist zu platt. Andererseits zu behaupten: »Es ist völlig in Ordnung«, schießt ebenso am Ziel vorbei.

Es hilft nichts: Wir müssen bei all diesen Fragen etwas genauer hinschauen, vor allem die Situation und die Person berücksichtigen. Ein »Pauschalurteil« kann und darf hier nicht gefällt werden. Doch zuvor möchte ich einen Überblick geben, welche Haltungen in der Pro- und Contra-Diskussion vertreten werden.

Kapitel 4

Angeführte Gründe für praktizierte Masturbation

Es gibt eine Reihe von Gründen, die von ernstzunehmenden Autoren immer wieder angeführt werden, die der Masturbation eine gewisse Notwendigkeit auf der Ebene der Triebbewältigung zuschreiben. Die Skala der Argumente reicht von der »Not-Onanie« des Singles bis zum Training für die zukünftige sexuelle Partnerschaft.

Die physiologische Notwendigkeit

Es ist eine medizinische Tatsache, daß beim männlichen Geschlecht mit dem Eintreten der Pubertät ständig Samen produziert wird. In der Regel wird diese Produktion von »nicht gebrauchtem Samen« durch die Pollution[40] abgebaut. Da, wo dies nicht der Fall ist, wo also trotz der Pollution noch ein starker sexueller Druck da ist, wird die Masturbation als Möglichkeit angesehen, sich von diesem Druck zu befreien. Da Frauen im Gegensatz zu den Männern diesen physiologischen Druck nicht haben, sollen sie gar nicht masturbieren, sagt Herbert Miles.[41]

Das Sicherheitsventil

> *»Das Argument mit dem Sicherheitsventil geht noch weiter und sieht Selbstbefriedigung als eine positive Sache, eine Gabe Gottes, etwa so: Benutze die Masturbation, um sexuelle Versuchungen (z. B. zum vorehelichen Geschlechtsverkehr) rechtzeitig aufzufangen und abzulassen.«*[42]

Hierbei geht man davon aus, daß der vorhandene Trieb nur dadurch unter Kontrolle gebracht werden kann, indem man ihn durch »Befriedigung« stillegt.

Das Schweigen der Bibel

Eines der im innerchristlichen Bereich am stärksten für die Masturbation verwendeten Argumente ist, daß die Bibel sich mit keinem Wort über dieses Thema ausläßt. Dieser Gedanke ist an dieser Stelle auch deshalb besonders interessant, weil häufig nur aus biologisch-psychologischen Gründen für die praktizierte Masturbation gesprochen wird. Wie wir schon bei der Wortbedeutung (s. S. 13) gesehen haben, trifft die »Kardinalstelle« aus Genesis Kapitel 38, Vers 9, die von vielen als Hinweis auf die Masturbation geführt wird, nicht den Kern der Sache. Auch andere Stellen, wie z. B. Levitikus Kapitel 15, Verse 1ff, lösen die Spannung nicht auf. »Eindeutige« Aussagen zur Masturbation bietet die Bibel tatsächlich nicht an. Daraus wird gefolgert, daß Gott nichts gegen die Masturbation haben könne, da er sich ja sehr eindeutig gegen andere sexuelle Vergehen, wie z. B. Ehebruch, Hurerei und praktizierte Homosexualität ausspricht, aber eben nicht gegen die Masturbation. So wird sie als moralisch neutral empfunden.[43]

Die übermäßigen sexuellen Reizungen

In einer Schrift des Weißen Kreuzes wird darauf hingewiesen, daß eine zu üppige Ernährung (viel Fleisch, stark eiweißhaltige Speisen, stark gewürzte Speisen) einen unguten Einfluß auf die Sexualität hat. Ebenso wird vor Alkohol und Nikotin gewarnt.[44]

Folgenreicher wirkt auf den sexuellen Reizpegel allerdings die allgegenwärtige »Erotisierung« unserer Gesellschaft. Seien es Kinofilme, Fernsehfilme (allen voran die der Privatsender ...), Zeitschriften der unterschiedlichsten Art (also nicht nur Magazine wie *Playboy* oder *Playgirl*, *Penthouse* etc., sondern oft schon einfache Illustrierte), Werbungen, vorwiegend die exclusiver Kosmetika und Bekleidungsfirmen, die mehr nackte Haut zeigen, als sie anziehen. Viele dieser Aufnahmen sind bewußt erotisch gehalten und wollen mehr, als nur die Ware an den Mann/die Frau bringen. Ein sexuell freizügiger Lebensstil trägt zur Problematisierung bei. Viele sehen keinen anderen Weg, als diese geförderte Erregung, die sie das erste Mal (beim nächsten Mal kann es schon ganz anders sein) u. U. gar nicht bewußt gesucht haben, durch die Masturbation abzubauen.

Dazu einige Beispiele. Gerd (Name geändert) schreibt:

> *»... ich muß jedoch sagen, daß ich am Dienstag wieder einmal an einem dieser Zeitungsstände war ... ich raff's wirklich nicht ... warum*

ich da hinging und es nicht unterlassen konnte, weiß ich nicht ... gestern und heute habe ich leider in der Fernsehzeitschrift gesehen, daß so ein Erotikfilm kommt ... daß ich einer solchen Versuchung oft nicht widerstehen kann, liegt auf der Hand ...«

Aus persönlichen Gesprächen zu diesem Thema (Namen wurden geändert):

»Andi, welche Situationen erregen dich am meisten?«

»Alleinsein und dann fernsehen, besonders Spätfilme auf Kabel-TV. Das ist für mich der Gefahrenpunkt Nr. 1.«

»Bei dir, Richard, weiß ich, daß du Probleme mit Pornos hast. Wie kam es dazu?«

»Es fing mit ›harmlosen‹ Fernsehzeitschriften und Blättchen wie ›Neue Revue‹ an, später dann die pornographische Literatur ...«

Die Verführung

Oft sind es gleichaltrige oder ältere Kinder bzw. Jugendliche, die andere zu sexuellen Handlungen verführen. Leider tragen aber auch sittlich haltlose Erwachsene dazu bei, daß schon Kinder ihre ersten negativen sexuellen Erfahrungen machen. Das dadurch geweckte sexuelle Erleben gefährdet das Kind und kann es schon früh auf bestimmte Verhaltensmuster festlegen.[45]

Zusammenfassung

Die hier genannten Argumente sind weit verbreitet. Viele Einflüsse und Faktoren, die zur Masturbation führen, kommen von außen und sind demnach nur schwer dem einzelnen anzulasten. Man sollte ihm deshalb auch kein schlechtes Gewissen machen, sondern vielmehr im Gespräch mit ihm die sexuelle Selbsthandlung als zunächst wertneutral behandeln. Dabei darf man ruhig ein wenig Gelassenheit haben, da erwiesenermaßen die Masturbation keine körperlichen Schäden nach sich zieht.

EXKURS

Die Schuldgefühle

Das »Stichwort« ist gefallen. Fast jeder, der masturbiert, hat mit Schuldgefühlen zu tun. Im Grunde genommen ist dieser Gedanke ein Unterpunkt des nächsten Abschnitts. Weil er aber umfangreicher behandelt werden sollte, möchte ich ihn an dieser Stelle einfügen.

Ist dem Masturbierenden wirklich damit geholfen, daß man sein Tun und Handeln als »völlig normal« und »ungefährlich« bezeichnet, um den Schuldgefühlen ein Ende zu machen? (Vgl. die Befürworter S. 20-22.)

David Wilkerson äußert sich dazu so:

> *»Die Anstrengungen von Experten, Schuldgefühle und Angst wegzuräumen, sind erbärmlich fehlgeschlagen. Als Teenagern erzählt wurde, Selbstbefriedigung sei normal, bringe Spaß, sei legitim und sogar eine Gabe Gottes, sagten diese trotzdem: ›Warum fühle ich mich dann aber so schuldig dabei?‹«*[46]

Woher kommen nun die Schuldgefühle? Warum fühlen sich die Betroffenen schlecht und schmutzig? Haben alle, die masturbieren, dieses »schlechte Gewissen«?

John White gibt darauf die Antwort:

> *»Es ist jedoch der Fall, daß heutzutage viele Jugendliche, ähnlich den Menschen in bestimmten primitiven Kulturen, mit geringem oder gar keinem inneren Konflikt Selbstbefriedigung praktizieren.«*[47]

Und Tim Stafford sagt:

> *»In Wirklichkeit fühlt sich gar nicht jeder schuldig. Der* Sörensen-Report *berichtet, daß über die Hälfte der Jugendlichen, die masturbieren, selten oder nie Schuldgefühle darüber haben.«*[48]

Zu ähnlichen Ergebnissen und Aussagen Jugendlicher kommen die gängigen Jugendzeitschriften wie *BRAVO, BRAVO Girl* oder *POP Rocky*. Viele der dort Interviewten drücken aus, daß die praktizierte Masturbation für sie kein Problem ist. Dadurch kann deutlich werden, welchen Einfluß auf das Gewissen auch die Prägung durch die Familie, die *Peer-group* (Clique) oder die Gesellschaft ganz allgemein hat. Ein Blick in fremde Kulturen bringt Bemerkenswertes in diese Diskussion:

> *»Die Onanie scheint in dem völkerkundlichen Material, das vorliegt, auf allen Kulturstufen der Menschheit verbreitet zu sein. Überall und zu allen Zeiten wurde sie von Männern und Frauen, Jungen und Mädchen ausgeübt. Eigenartig verhält es sich mit der Bewertung. Die alten Hochkulturen (Sumerer, Assyrer, Babylonier, Etrusker, Griechen, Römer und Inder) haben sowohl bei Jugendlichen wie bei Erwachsenen die Onanie als selbstverständliche sexuelle Betätigung geduldet, ja zum Teil sogar gefördert.«*[49]

Hier besteht ein echter Unterschied zu unserer Kultur. Ich will nicht verleugnen, daß die angesprochenen Völkergruppen nicht von christlichen Werten ausgehen, ganz im Gegensatz zur christlich-abendländischen Kultur der Europäer (leider schwindet dieser Ansatz aber auch immer weiter ...). Eine christliche Bewertung ist hier aber auch noch gar nicht gefragt. Tatsache ist, daß Menschen, die in sehr offenen und freizügigen Verhältnissen leben und aufwachsen und dabei das Beschäftigen mit der eigenen Sexualität bis zur Masturbation weithin ohne jede Form von Sanktionen erleben können, kaum oder nur schwer ein schlechtes Gewissen dabei entwickeln. Das ist zunächst völlig wertungsfrei. Wenn das Gewissen geprägt werden kann, und es kann tatsächlich geprägt werden, wie wir noch sehen werden, hängt also vieles von äußeren Umständen ab. Das bestätigt auch Tim La Haye:

> *»Fast immer finden sich Schuldgefühle als Folge der Selbstbefriedigung, es sei denn, daß die Betroffenen durch humanistische Philosophie geprägt waren ...«*[50]

Zum Teil offensichtlich anderer Meinung ist da das Weiße Kreuz in einer älteren Schrift:

> *»... dem widerspricht zunächst einmal – wie wir aus einer umfangreichen Seelsorge wissen – die Gewissensnot unzähliger junger Menschen. Und diese Gewissensnot beruht nicht etwa auf einer von außen*

an den Menschen herangetragenen religiösen oder sittlichen Voreingenommenheit. Sie entspringt vielmehr dem instinktiven unmittelbaren Bewußtsein, daß die Selbstbefriedigung der geschlechtlichen Bestimmung des Menschen nicht entspricht.«[51]

Gibt es aber ein »instinktives unmittelbares Bewußtsein«? Laut psychologischem Wörterbuch haben wir es bei einem Instinkt mit einem angeborenen System zu tun:

»Durch einen bestimmten inneren Zustand wird ein Organismus dazu befähigt, selektiv auf bestimmte Reize bzw. Objekte der Umgebung zu reagieren. Von diesem grundlegenden Impuls nimmt man an, daß er angeboren ist und gleichzeitig eine Erregung auslöst, die subjektiv, zielstrebig und auf ein Verhaltensziel ausgerichtet ist.«[52]

Wenn wir parallel dazu die Definition von Bewußtsein anschauen, müssen wir uns fragen, ob die Formulierung des Weißen Kreuzes hier tatsächlich den Kern trifft:

»Die Änderung der psychologischen und physiologischen Dynamik des Gehirns kann als Bewußtsein bezeichnet werden. Damit ist aber nicht nur die Wahrnehmung gemeint, sondern neben der Verbindung mit der Außenwelt auch die Möglichkeit, sich gespeicherter Gedächtnisspuren zu bedienen. Gerade wenn das Bewußtsein voll aufmerksam ist, kann es auch beeinflußt werden. Alle Menschen sind von außen beeinflußbar.«[53]

Und L. J. Pongratz stellte fest: »Bewußt ist alles Mitgeteilte ...«[54] So kann zusammenfassend gesagt werden, daß das Gewissen nicht einfach da ist, sondern der Beeinflussung und Prägung von außen unterliegt. Von diesen Lebensumständen wird auch abhängen, in welchen Situationen und bei welchem Verhalten sich das Gewissen »meldet«. Ob etwas als Schuld oder schlecht empfunden wird, bestimmen somit zunächst oft äußere Faktoren. Die Weise, in welcher das Tun der einzelnen Person von der Gesellschaft und den Erziehungspersonen beurteilt wird, ist maßgebend für die Gewissensbildung.

Welche Folgen diese Tatsachen für die Handhabung des Problems der Masturbation haben, wollen wir zu einem späteren Zeitpunkt genauer betrachten.

Kapitel 5

Aufgeführte Gründe gegen praktizierte Masturbation

Neben den »klassischen« und reichlich überzogenen Argumenten der Vergangenheit (vgl. die Zusammenstellung S.17-20), gibt es doch eine Reihe von Gründe, die auf sehr verschiedene Weise helfen können, ein wenig mehr Klarheit auf diesem Gebiet zu gewinnen. Das gilt umso mehr, je verschwommener die allgemeinen Normvorstellungen einer Gesellschaft werden. Hierbei darf nicht aus den Augen gelassen werden, daß die Gewichtung der Argumente höchst unterschiedlich ist – ganz abgesehen von der individuellen Beurteilung.

Ein geplagtes Gewissen (Schuldgefühle)

Neben dem im vorangegangenen Exkurs Gesagten hier noch ein Gedanke von Harry Müller:

> *»Selbstbefriedigung ist Lust mit Frust. Meist sind Schuldgefühle damit verbunden. Das ist ein gewichtiges Argument. Trotzdem müssen wir bedenken: Unser Gewissen ist kein unfehlbarer Führer. Schuldgefühle sind nicht dasselbe wie Schuld.«*[55]

Eine Gegenüberstellung von Schuld und Schuldgefühl, im besonderen auch in ihrer Bedeutung für das Leben des Christen, möchte ich später einfügen.

Die sexuelle Phantasie

Das ist ein Einwand, der sich auf ein Jesus-Zitat aus Matthäus Kapitel 5, Vers 28 bezieht. Wenn Jesus dort davon spricht, daß man eine Frau nicht ansehen soll, um sie zu begehren (vgl. dazu die ausführliche Wortbetrachtung im Anhang S. 61), wird das übertragen auf die Phantasien, die die Masturbation sehr oft begleiten. Es stimmt, daß viele den Akt der Masturbation in ihrer Phantasie vorbereiten oder sehr hautnah miterleben:

> *»Sie phantasieren beispielsweise sexuelle Erlebnisse mit einem oder mehreren Mädchen, mit anderen Jungen, mit Geschwistern oder sogar den eigenen Eltern ... Sie träumen davon, zu vergewaltigen oder vergewaltigt zu werden ...«*[56]

Eine Umfrage unter jungen Männern bestätigt das:[57]
»An wen denkst du beim Onanieren?«

Meine Freundin	72 %
Unbekannte	54 %
Freundin	40 %
Schulkameradin	17 %
Filmstar	16 %
Sonstige	14 %

Und Richard (Name geändert) bekennt:

> *»... und zwar sind es am Anfang immer Gedanken, Bilder vor meinem inneren Auge, wo ich mich mit irgendeiner Frau ... diese Gedanken gehen dann immer weiter ... und dann ist die Erregung in Wirklichkeit so groß wie im Traum und ich muß ...«*

Die Phantasie wird zu einem »Erregungs- und Lustlieferanten«, dem keine Grenzen gesetzt sind. Dabei werden auch Situationen erdacht, die ans Perverse grenzen und das »gedankliche Gegenüber« (welches ja oft eine ganz bewußt ausgesuchte, persönlich bekannte Person ist) in schamloser Weise mißbraucht wird. Und das ist dann auch die Begründung: Wer in seinen Gedanken andere Menschen sexuell »ge(miß)braucht«, der macht sich der Übertretung des Gebotes Gottes schuldig, das sagt: »Du sollst nicht begehren ...« (Ex 20,17).

Eine »Krücke«

Wer häufig masturbiert, dem wird vorgeworfen, er sei nicht fähig, das Leben zu meistern. Es sei wie mit anderen Süchten: Man sucht etwas, um seinen Problemen zu entfliehen. Damit wird die sexuelle Selbsthandlung auf die Ebene der Sucht gesetzt.[58] In dieselbe Richtung, Masturbation zur Kompensation anderer, unlösbar scheinender Probleme zu brauchen, geht auch eine Schrift der Bundeszentrale für gesundheitliche Aufklärung:

»Manchmal ist Selbstbefriedigung auch ›Ersatz‹-Befriedigung. Das ist dann der Fall, wenn ich mich selbst befriedige, weil ich bestimmte Probleme habe, mit denen ich nicht fertig werde: Leistungsdruck in der Schule oder im Betrieb, Enttäuschung über eine zerbrochene Freundschaft, Unsicherheit im Kontakt mit anderen und vieles mehr kann hierfür ausschlaggebend sein. Durch Selbstbefriedigung mag ich mich in einer schwierigen Situation entspannen können, meine Probleme kann ich damit aber nicht lösen …«[59]

Masturbation führt zur Homosexualität

Dazu Tim Stafford:

»Es gibt Leute, die sagen, Selbstbefriedigung sei eine Form von Homosexualität, die zu offenkundiger Homosexualität der schlimmsten Form führt.«[60]

Sicherlich ist für Homosexuelle die Masturbation ein Problem besonderer Art. Das liegt wohl auch daran, daß die Praxis der Masturbation und des homosexuellen Verkehrs oft sehr ähnlich ist. Darf man aber daraus gleichzeitig schließen, daß Masturbation zur Homosexualität führen muß?

Dazu mehr in einem Exkurs zur Homosexualität im Anhang.

Eine zweitklassige Lösung

Im Grunde ist Masturbation nur ein Abbild dessen, was man eigentlich will. Man sehnt sich nach einem Gegenüber, dem man sich anvertrauen und hingeben kann. Man sehnt sich danach, mit ihm gemeinsam das Erlebnis der Sexualität zu genießen. Man sehnt sich dabei nach einem Gegenüber aus Fleisch und Blut, welches in der Lage ist, Gefühle und Zärtlichkeit zu erwidern. All das hat man bei der Masturbation nicht. Methoden und Hilfsmittel ersetzen keinen Menschen, vor allem nicht die Liebe, die die Grundlage zur sexuellen Vereinigung sein sollte. Damit wird die Masturbation zu einem »zweiten Aufguß eines guten Tees«, völlig verwässert und bei weitem nicht an das heranreichend, was man wirklich sucht.

Das bestätigen auch Elke und Klaus (Namen geändert):

»... ob ich zu sehr auf ein Gegenüber fixiert bin, um zu masturbieren? Sexuelle Befriedigung kann ich mir nur in einer Beziehung mit einem Mann vorstellen ...«

»Wenn ich masturbiere, dann ist das oft etwas Leeres. Das, was ich mir vorher gewünscht habe, habe ich am Ende nicht bekommen. Ich selbst kann mir nicht gleichzeitig ›Gebender‹ und ›Nehmender‹ sein, ich kann die Frau als Partner durch nichts ersetzen ...«

Zusammenfassung

Es gibt viele Gründe, warum man nicht masturbieren soll/darf. Doch wie wirken sie auf den Betroffenen? Haben sie »verstehenden, helfenden« oder »moralisierenden« Charakter? Tragen die Hinweise auf das schlechte Gewissen, die »Krücken-Hypothese« oder die Ansicht, Masturbation sei ja bestenfalls nur eine drittklassige Lösung, dazu bei, einem Masturbierenden zu helfen? Oder sind es nicht eher oft ebenso ehrenwerte wie wirkungslose Argumente, von denen man sich erhofft, daß sie über den Verstand den Masturbierenden erreichen und so sein Problem lösen?

Kann man gerade auf diesem Gebiet nach dem Muster verfahren: »Nun weißt du, daß du es nicht sollst, so wirst du es ja bestimmt auch nicht mehr tun!«? Wenn ich das bezweifle, rede ich damit den Vertretern der »neuen Sexualethik« noch lange nicht das Wort. Aber ich denke, wir müssen ein wenig genauer hinsehen, unsere Argumentation überprüfen. Ziel soll doch sein, daß der, der Hilfe sucht, sie auch findet. Und zwar möglichst bei Menschen, die mit hohem Verantwortungsgefühl einen Menschen begleiten oder beraten wollen.

Es ist auch nicht unwichtig, ob uns in dieser Frage ein Christ oder ein Nichtchrist um Rat bittet. Können wir von beiden in gleicher Weise erwarten, daß sie den »christlichen Standpunkt« übernehmen? Was ist überhaupt der »christliche Standpunkt«?

Ich bin überzeugt, daß es wenig hilft, mit moralischen und ethischen Vorstellungen zu argumentieren, wenn sie nicht die Situation des Gegenübers miteinbeziehen. Das heißt nicht, mit zweierlei Maß zu messen, etwa bei Christen oder Nichtchristen. Mir ist wichtig, daß auf diesem Gebiet ein ganz besonderes Augenmerk auf die unterschiedlichen Situationen der jeweiligen Gesprächspartner gerichtet wird, das zwangsläufig zu einem differenzierteren Vorgehen führt.

Kapitel 6

Auswertung der Pro- und Contra-Argumente

Die Befürworter der Masturbation aus physiologischen Gründen oder die, die sich auf die »Sicherheitsventil-Theorie« stützen, scheinen Argumente zu suchen, die den Betroffenen den seelischen Druck nehmen wollen. Denn wenn Masturbation zu einer biologischen Notwendigkeit gemacht wird, kann der Mensch dafür nicht »verantwortlich« gemacht werden. Dann ist »irgend jemand« verantwortlich, nur nicht mehr der Betroffene. Das stimmt so nicht. Es gibt wohl Menschen, bei denen von einem besonders starken Sexualtrieb geredet werden muß. Doch ist das keine endgültige Erklärung, bzw. Klärung. Der Trieb ist nicht nur dazu da, um befriedigt zu werden. Oft geht es auch gar nicht mehr um das sexuelle Erleben, das ist dann nur noch zweit- oder drittrangig, nur noch eine Ebene von vielen. Sondern es geht darum, den Trieb durch Befriedigung zu stillen. Walter Wanner schreibt dazu:

> *»... Sigmund Freud hat darauf hingewiesen, daß die Triebdynamik immer zu einer Wiederholung führt. Er spricht von Wiederholungszwang ... im Augenblick der Entladung und Befriedigung löst sich die Spannung auf. Damit endet auch die Triebdynamik. Die Triebspannung schlägt in eine Entspannung um und löst unter Umständen eine Abwendung vom Objekt aus, die bis zum Ekel gehen kann. Trotzdem kann es rasch zu einer Wiederholung des gesamten Vorgangs kommen, etwa bei der sexuellen Selbstbefriedigung ...«*[61]

Diese Gedanken bauen nicht explizit auf den sexualethischen Bereich auf, sondern beschäftigen sich mit der Triebhaftigkeit des Menschen allgemein. Wer würde aber einem Menschen empfehlen, seinem Trieb unbefangen nachzugeben, bloß weil er scheinbar zu stark ist, bzw. der Mensch zu schwach ist, ihm zu widerstehen? Wer empfiehlt einem Menschen, der sich nackt zur Schau stellt, um dadurch seinen Trieb zu stillen, dieses Verhalten ohne Bedenken weiterhin auszuüben? Liegt der Unterschied denn allein darin, daß Masturbation nur den einzelnen betrifft? Es geht doch um die Frage, was hilft, wo Lösungen zu finden sind.

Die bloße Triebbefriedigung wäre tatsächlich aber nur eine Scheinlösung. Der betroffene Mensch wird damit aus seiner eigenen Verantwortung entlassen, und somit daran gehindert, das der Masturbation eigentlich zugrundeliegende Problem zu lösen. Wenn die Befriedigung des Triebes allein die Antwort wäre, dann führt man den Menschen nur in eine andere Form der Abhängigkeit. Er wird von seinem Trieb abhängig und glaubt, er könnte nichts dagegen tun. Ist das ein freier Mensch? Hat das eventuell auch Auswirkungen auf andere Lebensbereiche?

Nein, wenn wir helfen wollen, dann nur so, daß Menschen aus Abhängigkeiten jeder negativen Form herauskommen und in Freiheit von Bindungen leben können.

Wer sich darauf beruft, daß Gottes Wort zum Thema »Masturbation« schweigt, während es ansonsten sehr klar zu sexuellen Sünden Stellung nimmt, hat zumindest in dem Punkt recht, daß nichts Eindeutiges dazu in der Bibel zu finden ist. Doch ob daraus gleich geschlossen werden darf, daß Gott nichts dagegen hat? Ich halte das für zu oberflächlich. Oft genug nehmen wir Dinge nicht ernst, obwohl sie eindeutig da stehen, wenden ein, daß das heute doch anders gesehen werden müßte. Wir weigern uns, die Bibel auch zwischen den Zeilen zu lesen und werden vom Buchstaben abhängig. Und zwar von den Buchstaben, die wir lesen wollen, von denen, die uns nicht konfrontieren mit der Frage, was wir in unserem Leben ändern müßten.

Die praktizierte Masturbation ist eine Form egoistischer Handlung. Und wenn wir davon ausgehen, daß der geschlechtliche Verkehr in den Rahmen einer Ehe gehört und somit auch in diesem Rahmen die sexuelle Befriedigung als höchster Ausdruck der Liebesbeziehung stattfinden soll, dann nimmt man sich in der Masturbation etwas, was so nicht gedacht ist. Sexualität ist von Gott gedacht als Bereicherung der Beziehung zwischen Mann und Frau – nicht als »Do-it-Yourself-Ware«. Und wenn wir es hier mit einer egoistischen Handlung zu tun haben, dann haben wir auch eine Auseinandersetzung mit Gottes Wort. Gott warnt davor, den eigenen Willen höher zu setzen als den Willen Gottes. Diese Gedanken sind in unserer heutigen Gesellschaft zwar nicht mehr populär, weil sie zum Verzicht auffordern, weil sie erwarten, daß Opfer gebracht werden; aber sie sind durchaus biblisch:

> »Wer mir nachfolgen will, der darf nicht mehr an sich selber denken … wer sein Leben um jeden Preis erhalten will, der wird es verlieren …« (Lk 9,23ff, Hoffnung für Alle).

Ich weiß sehr wohl, daß die heutige Gesellschaft Dinge anders beurteilt, als das früher der Fall war. Und das mag auch in vielem sehr gut und berechtigt sein. Doch wo es zur Idealisierung des Individuums führt, laufen wir einen gefährlichen Kurs. Die Bibel schweigt zwar zur praktizierten Masturbation – aber er redet deutlich zu den dahinterliegenden Ursachen. Hier soll und darf nicht moralisiert werden, es geht auch nicht darum, den »frommen Bibelhammer« zu schwingen. Für uns als Christen muß es aber darum gehen, auch die Herausforderungen der Bibel zu beachten. Gottes Wort muß Maßstab Nr. 1 in unserem Leben bleiben. Damit wird die Masturbation in erster Linie zu einem Konfliktfall für Christen – aber vielleicht war sie das immer schon.

Der ständigen Reizüberflutung aus allen Richtungen kann man kaum aus dem Wege gehen. Es ist eine echte Not und wird für viele zum Verhängnis. Wie der einzelne aufgewachsen ist und geprägt wurde, spielt auch hier eine große Rolle. Hat er immer alles bekommen, was er wollte, oder mußte er lernen zu verzichten? Die Not wird eben nicht dadurch gelöst, ihr nachzugeben. Ob Masturbation hier eine Übergangslösung sein kann, ist fraglich. Denn wer bis zur Ehe masturbiert in der Hoffnung, es dann lassen zu können, weil er einen anderen Weg gefunden hat, seine Sexualität auszuleben, wird oft enttäuscht. Auch in einer Ehe wird er mit Spannungen leben, wird er nicht immer frei über seinen Partner »verfügen« können. Damit würde die Sexualität auch zur Sache degradiert. Darüber hinaus wird er unter Umständen erleben, daß das Aufschieben der Auseinandersetzung mit dem eigentlichen Problem nichts geholfen hat – es tritt wieder, wenn auch in anderer Form, zutage.

Wenn ein Kind oder ein Jugendlicher sexuell verführt wurde, besteht die Gefahr, daß es in eine Sexualpraktik hineinwächst, die es später nur schwer wieder loswird. Reinhold Ruthe schreibt dazu:

> *»Unterschätzt wird häufig die Verführung durch andere. Häufig geschieht dies auf gemeinsamen Fahrten und Ausflügen, beim Balgen und Ringen zu zweit, wo Jungen wenig Scham voreinander empfinden, die Geschlechtsteile des anderen zu berühren oder zu reizen …«*[62]

Was einmal gelernt ist, kann, wenn auch oft nur unter Mühe, wieder »verlernt« werden. Es gibt keine Prägung, die bis ans Lebensende so bleiben muß. Freilich ist das eine Frage des Wollens und der Hilfestellungen durch andere – aber der Weg ist da.

David Field hat recht, wenn er sagt: »Der biblische Anspruch, der Geist Christi könne eingefahrene Verhaltensmuster ändern, hat sich zu oft bewahrheitet, als daß man ihn leichtfertig abtun könnte«.[63] Zum selben

Ergebnis kommt Harry Müller: »Masturbation kann wie jede andere Gewohnheit kontrolliert werden«.[64] Und auch John White sagt: »Im Moment will ich sagen, daß Sie nicht das hilflose Opfer eines unkontrollierbaren Dranges sind, wie sehr Sie auch das Gegenteil empfinden mögen. Sie sind für Ihre Handlungen verantwortlich.«[65]

So kann gesagt werden: Masturbation muß nicht sein! Ja – der Weg heraus ist oft lang. Doch er ist möglich. Die Ergebnisse der Psychologie lehren uns, daß kein erlerntes Verhalten endgültig sein muß. Der Mensch hat die Möglichkeit, sich zu beherrschen. Das mag hart und unbarmherzig klingen. Tatsache ist aber: Wo dazu aufgerufen wird, seinen Trieb und seine eigenen Wünsche zum Maßstab zu machen, wird ein Wert gesetzt.

Das ist durchaus sein sehr humaner Wert, weil er nach den Wünschen des Menschen berechnet und aufgestellt ist, Der Mensch soll tun und lassen können, was ihm Spaß macht. Ja, das ist eine Wertvorstellung, aber eine deutlich andere als die biblische. Im Normalfall wird der »Orientierungsvorgang« nach dem humanistischen Wert ausgerichtet.

Damit entsteht für viele der Eindruck, daß sie frei und unabhängig entscheiden könnten, weil sie ja tun und lassen, was sie wollen. Das stimmt aber nicht. Sie haben sich auch an ein Wertesystem angehängt. Zwar an eins, das ihnen besser gefällt, aber immerhin tun sie auch nur das, was andere schon als Wert proklamiert haben. Der einzige Unterschied besteht darin, daß man sich aussucht, welchem Wertesystem man folgen will. Man will nicht abhängig sein von einem biblischen Vorbild und macht sich abhängig von einem humanistischen.

Schauen wir nun, ob, und wenn ja, welche Hilfen und Möglichkeiten es gibt, die »Sache mit der Masturbation« in einer guten und wirksamen Weise anzupacken.

Kapitel 7

Mögliche Hilfen

Dieser Punkt kann und will nur sehr allgemeine Hinweise geben. Wie Hilfe, wenn diese gesucht wird, im einzelnen aussehen sollte, kann nur in der konkreten Situation des Betroffenen überlegt und entschieden werden. Dazu braucht es ein Einzelgespräch. Dennoch – die im folgenden besprochenen Gedanken können zur Selbstreflexion und zur Klärung des eigenen Standpunktes führen. Sie bieten die Möglichkeit, schon vor einem Gespräch Gedanken zu sammeln, Hintergründe zu erforschen. Vielleicht bieten sie einzelnen sogar die Grundlage zur Selbsthilfe. Wie auch immer – aufgrund der sehr unterschiedlichen Gründe für die Masturbation wird auch die Hilfe sehr unterschiedlich aussehen. Grundlagen sollen hier besprochen werden – keine »Instantantworten«.

Reflexion der eigenen Situation

Wenn ein Mensch beginnt, sich mit seinem sexuellen, autoerotischen Verhalten auseinanderzusetzen, ist für ihn sehr hilfreich zu wissen, in welcher Breite die Masturbation für ihn ein Problem ist. Folgende Fragen können ihm dabei helfen:

- Wann habe ich begonnen zu masturbieren?
- Wie waren die Umstände, war ich allein, durch was war ich veranlaßt, meinem sexuellen Druck durch Masturbation Abhilfe zu verschaffen?
- Was sind Situationen, in denen ich erregt werde, an wen oder was denke ich dann?
- Durch welches Medium stimuliere ich mich heute in der Regel selbst?
- Wie reagiert meine direkte Umwelt (Familie, Schule, Gemeinde, Freunde ...) auf Masturbation, welche grundsätzliche Haltung wird dazu vertreten? Weiß ich das aus Gesprächen, oder ist es Vermutung?

- Wann fing die Masturbation an, für mich ein Problem zu sein?
- Warum wurde sie zu einem Problem für mich?
- Wie habe ich bisher versucht, »dagegen« anzugehen?

Diese Fragen sind nur ein Ausschnitt dessen, was nötig sein kann, um die Hintergründe für die jeweils praktizierte Masturbation herauszufinden. Sie können auch den Betreffenden dazu bringen, sich ganz bewußt mit seiner Vergangenheit auseinanderzusetzen. Und das ist wichtig, wenn er auch Schritte nach vorne tun will oder soll.

Wenn ich nicht weiß, was die Krankheit ist, dann tue ich mich schwer, die Symptome zu behandeln. Ich möchte versuchen, das an einem Beispiel deutlich zu machen. Wenn ein Patient zum Arzt kommt und über ständige Kopfschmerzen klagt, hilft es ihm nicht, wenn der Arzt ihm Tabletten zur Linderung der Schmerzen verschreibt. Der umsichtige Arzt wird versuchen herauszufinden, woher die Schmerzen kommen. Es genügt nicht, ständig die Symptome zu behandeln, der Patient soll geheilt werden. So auch bei der Masturbation. James (Name geändert) erzählt:

> *»... lange Jahre habe ich immer wieder versucht, mit dem Masturbieren aufzuhören. Ich hatte es satt und wollte es schaffen. Immer wieder sagte ich, ab morgen ist Schluß damit! Immer wieder schaffte ich es nicht. Ich suchte immer neue Möglichkeiten, mich zu stimulieren, weil die alten bald keinen genügenden Reiz mehr brachten. Ich versagte mit meinem Bemühen, aufzuhören. Ich versuchte es immer wieder, machte Versprechen, betete, ging zum Beichten – doch eins tat ich nie: Ich fragte nicht nach dem Grund für mein Verlangen nach sexueller Befriedigung. Heute weiß ich, daß es was mit meinem Lebensrhythmus zu tun hat, auch mit meinem Wunsch nach Geborgenheit, mit meinem sozialen Hintergrund. Auf dieser Grundlage kann ich jetzt arbeiten ...«*

Fragen wir uns also, wie die Situation bei uns selbst aussieht. Ich empfehle, die oben genannten Fragen als Einstieg zu nehmen. Und in der Regel rate ich, weiterführend die Hilfe eines kompetenten Seelsorgers in Anspruch zu nehmen.

Entkräftung der Schuldgefühle

Wie schon erwähnt liegt nahe, daß die Problematik mit den Schuldgefühlen besonders stark bei Christen oder christlich geprägten, bzw. christlich erzogenen Menschen in Erscheinung tritt. Das liegt wohl auch daran, wie in der Vergangenheit – vielleicht sogar noch in der Gegenwart – mit diesem Komplex umgegangen wurde/wird. Das sexuelle Handeln an sich selbst wurde und wird z. T. noch heute scharf verurteilt. Die begangene »Straftat« hinterläßt das Gefühl von Schuld und wird so schnell zum ständigen Begleiter. Noch einmal: Hier gilt es sehr sauber zu trennen zwischen Schuld und Schuldgefühl. Es ist nicht leicht, in diesem Zusammenhang eine kurze, aber doch verbindliche Antwort zu geben, was Schuld im Konkreten ist. Schuld ist das, was ich eindeutig gegen den Willen Gottes tue. Und den findet der Christ landläufig vor allem in der Bibel mit ihren Geboten. Doch Jesus selbst ist im Umgang mit Schuld viel »differenzierter«, ja manchmal sogar geradezu revolutionär. Darum lohnt es sich, auf das Gebot zu schauen, das auch ihm am wichtigsten war:

> »Du sollst den Herrn, deinen Gott, lieben aus deinem ganzen Herzen und mit deiner ganzen Seele und mit deiner ganzen Kraft und mit deinem ganzen Verstand und deinen Nächsten wie dich selbst ...« (Lk 10,27).

In diesem Doppelgebot der Liebe ist ausgedrückt: Alles, was ich ohne Liebe zu Gott tue, ist Schuld. Alles, was sich zwischen Gott und mich stellt, ist Schuld. Damit spielt unserer Beziehung zu Jesus eine wichtige Rolle bei unserem Verhalten ganz allgemein, aber dann auch speziell auf sexualethischem Gebiet.

Schuldgefühle aber sind etwas ganz anderes. Wie sie entstehen können, wurde schon kurz angedeutet. An dieser Stelle aber sind ihre Auswirkungen von Bedeutung. In der Regel ist es so, daß ein Mensch etwas tut, was er als Schuld definiert und wodurch er anschließend bedrückt ist. Er hat etwas getan, was er nicht wollte oder nicht sollte. Er wird von dem Gefühl einer begangenen Schuld geplagt, seine Schuld klagt ihn als Versager an. Hinter dieser Anklage steckt der Satan, der die Auserwählten Gottes verklagen will (Offb 12,10). Stellen wir uns eine juristische Situation vor:

Bei Herrn X ist das Fenster durch einen Ball zerstört worden. Herr Y hat gesehen, daß es Peter aus der Nachbarschaft war. Er wendet sich mit seiner Beobachtung direkt an Herrn X, um Peter zu belasten. Er wendet sich aber auch vorwurfsvoll an Peter, um ihm seine Schuld unter die Nase zu reiben. Inzwischen ist Peter bei Herrn X gewesen und hat sich entschuldigt. Er hat sich zu seiner Schuld bekannt und bittet um Verzeihung. Dieses Verhalten trifft bei Herrn X auf Anerkennung. Er freut sich über Peters Mut, zu seiner Schuld zu stehen. Und weil er ein freundlicher Herr ist, vergibt er Peter gerne.

Eine schöne Gute-Nacht-Geschichte, meinen wir. Bis hierher stimmt das auch. Doch sie ist noch nicht zu Ende:

Peter wurde schuldig, bekannte sich, bat um Vergebung, empfing Vergebung.

Herr X wurde geschädigt, hatte einen Rechtsanspruch, wurde um Vergebung gebeten, gewährte Vergebung.

Herr Y war Zeuge, klagte Peter an und machte ihm Vorwürfe. Er ist leider über den friedlichen Ausgang der Sache äußerst unglücklich.

Herr Y hört also nicht auf, an der Sache mit Peters Fensterschuß weiterzumachen. Er merkt erst, wie aussichtslos es ist, Herrn X zu einer härteren Gangart zu bewegen, als er von ihm folgende Antwort bekam: »Ich weiß nicht, was Sie wollen. Ja, der Peter hat die Scheibe eingeschossen und sich dafür entschuldigt. Und damit ist für mich die Sache erledigt.« Herr Y bohrt weiter, meint, daß der Bengel doch wenigstens die Scheibe bezahlen solle, zumindest die Kosten abarbeiten müsse. Doch auch damit stößt er bei Herrn X auf taube Ohren: Nein, es ständen keine Schulden mehr offen. Er, Herr X, mag nun einmal den Jungen und habe darum die Scheibe für ihn bezahlt. Da das bereits geschehen ist, ist der Fall für ihn erledigt, und er, Herr X, würde nicht mehr darüber reden oder davon noch einmal etwas hören wollen.

Nun macht sich Herr Y, enttäuscht über den Ausgang des Gesprächs mit Herrn X, auf den Weg zu Peter. Er möchte ihn gerne noch ein bißchen fertigmachen, weil er fröhliche, junge Lausebengel nicht ausstehen kann. Und bei Peter hat er mehr Erfolg. Er reagiert betroffen auf seine Worte, als er ihn fragt, ob denn der Herr X tatsächlich nicht mehr böse auf ihn sei. Schließlich sei das ja kein kleiner Schaden gewesen, und so schnell würde er den bestimmt nicht vergessen. Peter zweifelt plötzlich an der ihm von Herrn X zugesicherten Vergebung und schleppt von da an ein lähmendes Gefühl über seine begangene Schuld mit sich herum.

So ähnlich können wir uns das Verhalten des Teufels vorstellen. Er merkt, daß Gott uns Schuld vergibt, wenn wir ihn mit offenem Herzen darum bitten. Und der Teufel merkt, daß Gott die alten Schuldzuweisungen des Teufels in keinem Punkt ernst nimmt. So macht er sich auf, und verklagt uns, weil er glaubt, da leichteres Spiel zu haben. Und wenn wir nicht wissen, wie wir reagieren sollen, dann stimmt es ja auch – wir lassen uns die alte Schuld vor Augen halten.

Wie wäre die richtige Reaktion? Nun, Peter hätte Herrn Y entgegentreten sollen und sagen: »Sie sind durch und durch gemein und verlogen. Lassen Sie mich in Ruhe und verschwinden Sie. Ich weiß genau, daß Herr X zu dem steht, was er sagt. Und ich habe keinen Grund, an seinen Worten zu zweifeln. Sie werden mich ganz sicher nicht mit alter Schuld belasten – ich bin frei davon.«

Und so sollte auch unsere Reaktion auf die Vorwürfe des Satans sein. Nicht die Schuld übernehmen, sondern an die höhere Instanz verweisen, die darüber bereits Recht gesprochen hat (1 Joh 1,9). Mit seinen Anklagen ist der Teufel bei den Menschen an der falschen Stelle. Es ist juristisch falsch, einen Menschen bei sich selbst für seine Schuld anzuklagen. Richtig wäre, einen Schuldigen bei einer gerichtlichen Instanz anzuzeigen. Weist diese die Anschuldigungen zurück, ist ein weiteres Belästigen des Klägers selbst eine Straftat.

Die Sache mit Gott kann so einfach sein. Wenn ich nur die Bereitschaft habe, mich an seinen Worten, ja, an seinen Versprechen zu orientieren, dann habe ich ein festes Fundament. Ich brauche mich dann nicht mehr von irgend jemandem durcheinanderbringen zu lassen. Der Weg ist also der: Wenn ich als Christ, aus welchem Grund auch immer, die Masturbation für Sünde halte, dann muß/darf ich sie vor Gott bekennen. Nach seiner eigenen Zusage wird er dann vergeben. Ich brauche mich nun nicht mehr schuldig zu fühlen.

Natürlich ist das nicht die Erlösung von der Praxis der Masturbation. Aber ein wichtiger Schritt auf dem Weg zum Ziel. Wenn ich ständig von Schuldgefühlen getrieben werde, bin ich unfrei, mich mit dem echten Problem auseinandersetzen zu können. Es geht hier nicht darum, von einem Moment auf den anderen etwas erreicht zu haben, sondern sich auf Gottes Gnade zu besinnen, die es möglich macht, weiterzuarbeiten. Aus der emotionalen Freiheit heraus werden unvergleichlich mehr Ziele erreicht als aus dem Gefühl der Schuld.

Der Wille zur Mitarbeit

Zwar darf man in der Regel davon ausgehen, daß der Hilfesuchende auch bereit ist, sich helfen zu lassen. Doch er muß auch bereit sein, sich selbst zu helfen. Der Seelsorger kann zwar helfen, manche Hintergründe und Umstände deutlich zu machen, doch er kann den Betreffenden nicht an der Praxis der Masturbation hindern. Es gibt keinen Weg zur Kontrolle. Eine »Entziehungskur« ist in diesem Fall nicht möglich. Dem Hilfesuchenden muß klar sein, daß er darüber entscheidet, wie schnell oder wie langsam es voran geht. Dazu gehört auch die Offenheit vor dem Seelsorger. Wenn nicht alles zum Problemfeld Gehörende ausgesprochen wird, wird Hilfe erschwert oder sogar unmöglich gemacht. Und nicht der Ratsuchende, sondern der Seelsorger entscheidet in diesem Fall, was zum Umfeld gehört. Erfolge und Niederlagen müssen besprochen und ausgewertet werden. In einem beratenden Gespräch hatte ich die Situation, daß mein Gegenüber die Schuldzuweisungen an alle möglichen Menschen oder Situationen richtete. Wir sprachen lange darüber, daß durch Erziehung und Prägung zwar Verhaltensmuster bestimmt werden können, daß jedoch ab dem Zeitpunkt, da ich ein Problem erkenne und lösen will, die eigene Verantwortung einsetzt. Es ist nicht möglich, andere dauerhaft für mein Verhalten verantwortlich zu machen. Ich muß begreifen, daß ich ein von Gott geschaffenes Wesen bin, das die Möglichkeit hat, ja oder nein zu sagen. Ich treffe Entscheidungen. Ich trage Verantwortung. Ich kann unabhängig sein von anderen Menschen. Es war ein deutliches Gespräch. Im abschließenden Gebet formulierte mein Gegenüber: »Lieber Gott, mach doch, daß ich nicht …« Ich brach das Gebet ab und fing von vorne an zu erklären. In der Formulierung: »Lieber Gott, mach doch« liegt die Übertragung der Verantwortung auf Gott. Wenn aber Gott die Verantwortung trägt, dann auch die für den Mißerfolg. Damit schaffe ich mir eine Hintertür. Ich kann dann nämlich immer noch sagen: »Ich wollte ja, und habe Gott auch gebeten, etwas zu ändern, aber er hat es nicht getan …« Das ist aber nichts anderes als eine praktische Ausrede.

Es stimmt zwar; ich bin abhängig von Gott und brauche seine Kraft, um ein Problem zu lösen. Aber hier müssen wir unterscheiden. Es geht nicht darum, sich von Gottes Kraft zu lösen und alles in eigener Regie zu tun. Es geht vielmehr darum, über die eigene Verantwortung nachzudenken. Bei Gott gibt es keinen Automatismus. Das klingt hart und unfreundlich, ist aber sehr wichtig zu wissen, wenn ich an irgendeinem Punkt weiterkommen will. Nicht Gott entscheidet darüber, ob ich masturbiere, sondern ich entscheide es. Nicht Gott trägt die Verantwortung, sondern ich trage sie.

Somit muß das Gebet anders formuliert werden:

»Vater, ich weiß, daß ich nicht viel Kraft aufweisen kann, daß ich deine Kraft dringend brauche. Du kennst mein Problem und siehst mein verzweifeltes Bemühen, einen Ausweg zu finden. Bitte, rüste mich mit der Kraft deines Heiligen Geistes aus, damit ich stark werde. Mach mir deutlich, durch welche Situationen ich mich selbst in Gefahr bringe. Gib mir Kraft zum Widerstand. Erinnere mich an meine Entscheidung, hilf mir, auf den Beinen zu bleiben. Und wenn ich falle, richte du mich wieder auf …«

Der Ratsuchende soll sich nicht überfordern und soll nicht überfordert werden. Der Gedanke über die eigene Verantwortung klagt ja nicht an, sondern will helfen. Der Weg aus einer Not, oftmals mit suchtartigem Charakter, muß ein dynamischer, ein sich entwickelnder sein. Harry Müller sagt: »›Nie wieder‹ ist unrealistisch, ›heute nicht‹ ist machbar.«[66]

Leben in der Realität

Wer darum bittet, daß Gott die Versuchung hinwegnimmt, meint damit oft, daß Gott die sexuellen Gefühle wegnehmen soll. Das geht aber nicht. Gott hat den Menschen als geschlechtliches Wesen geschaffen und dem Produkt das Prädikat »sehr gut« verliehen (Gen 1, 26ff). Wer nun möchte, daß Gott sexuelle Lust fortnimmt, wünscht sich zum einen, daß er einen Teil des Menschen auflöst. Denn der Mensch *hat* nicht nur Sexualität, die sich einfach so ablösen ließe, er *ist* ein durch seine Sexualität entscheidend geprägtes Wesen.

Zum anderen würde man sich wünschen, aus der eigenen Verantwortung entlassen zu sein. Der Gedanke, der diesem Wunsch zugrundeliegt, lautet: »Wenn keine Lustempfindung da wäre, dann bräuchte ich mich auch nicht damit auseinanderzusetzen.« Das einfachste wäre demnach, die sexuelle Lust nach Bedarf ab- oder zuschalten zu können, ähnlich wie den »Allradantrieb« bei einem Geländewagen. Dadurch wird aber nur die eigene Unlust ausgedrückt, sich an der Lösung zu beteiligen. In seinem Buch »Lebendige Liebe«[67] beschäftigt sich Siegfried Großmann mit dieser Spannung:

> *»... so kann auch der Alleinlebende, selbst wenn er es wollte, nicht auf seine Sexualität verzichten – und weil die Sexualität eine Schöpfungsgabe ist, soll er das auch gar nicht ... für den Alleinlebenden, der Christus nachfolgen will, heißt dies: Sexualität an sich ›ja‹, genitale Sexualität ›nein‹. Ist dies nun ein unlösbarer Konflikt, oder zeigt uns Gott in seiner Weisheit damit einen hilfreichen Weg? ... Wer sich selbst als ganze Person angenommen hat, wird seine Leiblichkeit dabei nicht ausschließen und freut sich an seiner körperlichen Geschlechtlichkeit ... die erotische Spannung muß natürlich von einem ethisch fundierten Bewußtsein kontrolliert werden, damit sie die Grenzen zur genitalen Sexualität nicht überschreitet; diese Kontrolle ist aber nur dann möglich, wenn die erotischen Spannungen nicht grundsätzlich unterdrückt werden.«*

Hier geht es um bewußten Verzicht, nicht um Verdrängung. Das setzt voraus, daß ich mich dazu entschließe, meine sexuelle Empfindung zuzulassen. Sexuelle Gefühle sind nicht schlecht, im Gegenteil. Ein wesentlicher Punkt liegt darin, ob ich es für grundsätzlich sündig halte, überhaupt sexuelle Gedanken und Gefühle zu haben. Wo ich mich als Mensch, eben auch mit sexuellen Wünschen akzeptiere, da bejahe ich das, was Gott gemacht hat. Ich muß dann nicht verklemmt versuchen, diese Gedanken oder

Empfindungen loszuwerden, sondern ich kann beginnen zu überlegen, wie ich das alles in mein Leben integrieren kann. Das heißt also: »Ich verdränge nicht etwas, was da ist, sondern ich verzichte darauf, es zur Praxis werden zu lassen.« Verzichten können nur die, die frei sind. Und frei wird man – dies ist weder ein frommer Bibelspruch noch meine private, einsame Erfahrung – letztlich allein durch die Begegnungen mit Jesus (Joh 8,36).

Es ist an der Zeit, daß wir einen unverkrampften, nicht verteufelnden Umgang mit der eigenen Sexualität erlernen, weil sie uns geschenkt wurde. Der folgende Auszug aus einem Kurzinterview[68] mit Siegfried Großmann kann noch deutlicher machen, um was es mir geht:

»Sie plädieren dafür, daß Erotik auch für Singles eine Rolle spielen darf. Was heißt das konkret? Erotik knistern lassen, sexuelle Spannung wahrnehmen und nicht vermeiden? Umgehen mit dem Feuer – statt es immer gleich auszutreten?«

»Es ist schwer, auf diese Frage kurz zu antworten, denn es geht um feine und oft versteckte Grenzen. Es ist gut, wenn wir sexuelle Spannungen wahrnehmen, weil es sie auf jeden Fall gibt. Man kann sich daran freuen, und es wird und darf auch ein wenig knistern. Niemand kann die Erotik einfach abschalten. Ich kann mich als Mann an einer Frau freuen und umgekehrt, auch wenn ich mich entschieden habe, die Grenze zur genitalen Sexualität nicht zu überschreiten. Und in einem Kontakt mit einem Menschen des anderen Geschlechts spielt mein Mann- oder Frausein einfach eine Rolle, und das ist schön. Das darf sich auch in einer Umarmung ausdrücken. Ich glaube nicht, daß eine klare Grenze wie die zur intimen Sexualität alles andere verkrampft, sondern das Gegenteil bewirkt.«

»Wenn ich Sie richtig verstehe, plädieren Sie für viele kleine Kerzen auf einer weiten Prärie, nicht aber für ein großes loderndes Feuer an einer Stelle?«

»Ja, das ist der entscheidende Unterschied für die Sexualität, ob ich mich in der Ehe mit einem Partner fest zusammengeschlossen habe oder als Single lebe. In der Ehe entwickelt sich die Erotik bis zum Orgasmus, der manchmal fast eine Art des ›Außer-sich-seins‹ ist. Ein Single muß da viel engere Grenzen ziehen, und deshalb verbindet sich seine Sexualität viel eher mit anderen Formen der Beziehungen, mit einem freundschaftlichen Gespräch, einer musischen Gemeinsamkeit oder Sport und Freizeit.«

»Kann man das schaffen, ohne sich zu verbrennen?«

»Also ein paar Brandblasen wird es schon geben ...«

Ziel ist demnach nicht, sich irgendwo einzuschließen und seine natürlichen Veranlagungen zu verneinen, sondern sie zu erkennen, zu bejahen und damit verantwortlich umgehen zu lernen.

Die Perspektive

Mit dem Akzeptieren unserer Situation hängt auch zusammen, sein Leben so einzurichten, daß es eine Perspektive hat. Wenn ich mich in dem Bereich der Sexualität enthaltsam zeigen möchte, sollte ich mir Erlebnisse suchen, die mich auf andere Weise befriedigen, bestätigen. Was kommt in Frage? Pauschal gesagt: Dinge, die mir Spaß machen. Ja, ich darf danach fragen, was mir Spaß macht, was mich erfüllt, was mich bestätigt. Habe ich solch einen Bereich gefunden und setze mich entsprechend dafür ein, feiere unter Umständen sogar Erfolge damit, habe ich eine gute Perspektive. Ich bin dann nicht mehr primär auf sexuelle Bedürfnisbefriedigung angewiesen. Natürlich gilt auch hierbei, was wir als das Wichtigste im Leben Jesu erkannt haben: Maßstab von allem ist die Liebe, die zu Gott, unseren Mitmenschen, aber auch zu uns selbst.

Musischer Bereich

Habe ich eine Begabung für musikalische Gestaltung? Kann ich ein Instrument spielen, oder sollte ich es lernen? Wie steht es mit Gesang? Könnte ich auf diesem Gebiet Fähigkeiten entwickeln und einsetzen?

Künstlerischer Bereich

Hätte ich Spaß daran, mich darstellerisch zu betätigen? Wie wär's mit Malen oder Zeichnen? Vielleicht Schreiben? Oder könnte ich bei einer Theaterspielgruppe Anschluß finden? Oder Pantomime/Clownerie?

Sportlicher Bereich

Welche Interessen habe ich hier? Was liegt mir, was macht mir Spaß? Welche Ziele sind erstrebenswert? Worauf lohnt es sich, zuzuarbeiten?

Diakonischer Bereich

Wo sind in meinem Umfeld Menschen, denen ich helfen könnte? Senioren sind oft allein und freuen sich über Besuch oder angebotene Hilfe. Kranke ebenso. Welcher Institution könnte ich meine Hilfe anbieten, um meine Kraft und Zeit sinnvoll für andere Menschen einzusetzen?

Das sind nur allererste Gedanken. Und noch einmal möchte ich betonen: Nicht ein Überspielen des sexuellen Antriebes, nicht ein »Aus-dem-Weg gehen« ist gefragt, denn das wäre Flucht in die Beschäftigung. Ziel muß es immer mehr werden, eine Aufgabe zu haben, die einen so ausfüllt, soviel Bestätigung und Befriedigung verleiht, daß das ganze Gebiet der Sexualität seinen ihm angemessenen Stellenwert bekommt. Ich versuche damit nicht, die vorhandene Energie zu blockieren, sondern setze sie kreativ in anderen Bereichen meines Lebens um.

Ja – mit Gottes Hilfe …

Es gibt eine Fülle von biblischen Zitaten oder Aussagen geistlicher Zeitgenossen, die große Ermutigung sein können. So sagt James I. Packer:

> *»Es ist enorm erleichternd, zu wissen, daß seine [Gottes] Liebe zu mir absolut realistisch ist, daß ihm jederzeit auch das Schlimmste von mir bekannt ist, so daß nichts nachträglich zutage treten kann, was ihn über mich eines Schlechteren belehren und seine Entscheidung für mich rückgängig machen könnte.«*[69]

Was für ein wunderbarer Gedanke. Gott kennt mich. Er kennt mich ganz genau. In Psalm 139 wird das so ausgedrückt:

> »Herr, du durchschaust mich, du kennst mich durch und durch. Ob ich sitze oder stehe – du weißt es, aus der Ferne erkennst du, was ich denke. Ob ich gehe oder liege – du siehst mich, mein ganzes Leben ist dir vertraut. Schon bevor ich rede, weißt du, was ich sagen will. Von allen Seiten umgibst du mich und hältst deine schützende Hand über mir. Daß du mich so genau kennst – unbegreiflich ist das, zu hoch, ein unergründliches Geheimnis!«

David ist begeistert. Er entdeckt und bekennt, daß er sich von Gott durchschaut weiß. Aber das macht ihm keine Angst, nein, er freut sich darüber.

Er zieht den Schluß, daß es für Gott nichts Verborgenes gibt. Und weil es für Gott nichts Verborgenes gibt, gibt es für Gott auch keine Überraschungen. Er ist der Herr dieser Welt. Und unter dieser Voraussetzung hat sich Gott für den Menschen entschieden. Damit beweist er bedingungslose Liebe:

> »Gott aber hat uns seine große Liebe gerade dadurch erwiesen, daß Christus für uns starb, als wir noch Sünder waren.«

So schreibt es Paulus im Brief an die Römer, Kapitel 15, Vers 8. Gott wußte genau, auf was und wen er sich einläßt. Er ist nicht blauäugig in die Falle getappt. Er kennt die Menschen, kennt das Herz des Menschen. Gott weiß, daß der Mensch aus sich heraus nicht in der Lage ist, etwas Gutes zu tun. Der Mensch braucht die Anbindung an einen Stärkeren. Ich bin fasziniert von dem Gedanken, daß Gott, obwohl er bis in die letzte Ecke meines Wesens Einblick hat, sagte: »Den will ich!« Gott sagt: »Dich will ich! Mir ist egal, wie du bist! Ich liebe dich und will Gemeinschaft mit dir. Alles andere ergibt sich später ...«

Und wenn mir diese Liebe Gottes regelrecht Herzklopfen verursacht, dann wird klar, daß auch meine Schuld mich nicht von ihm trennen kann. Er hat ja mit dem Wissen um meine Sündhaftigkeit ja zu mir gesagt; sollte er diese Entscheidung im nachhinein rückgängig machen? Nein, niemals! Das ist absolut unmöglich! Denn:

> »Wenn Gott für uns ist, wer kann dann gegen uns sein? Gott, der für uns seinen eigenen Sohn geopfert hat, sollte er uns noch etwas vorenthalten? Wer könnte es wagen, die von Gott Auserwählten anzuklagen? Niemand, denn Gott selbst hat sie von aller Schuld freigesprochen« (Röm 8,31-34).

Wird uns klar, daß wir uns mit unseren Fehlern nicht vor Gott verstecken müssen? Was denken wir, wer und wie Gott ist? Die Bibel stellt ihn uns als gerechten und liebenden Vater vor, der um das Wohl der Menschen, besonders aber seiner Kinder, besorgt ist. Und niemals wird sich dieses Wesen Gottes verändern. Niemals würde oder könnte Gott anders handeln als aus Liebe: »Wenn wir untreu sind – er bleibt treu, denn er kann sich selbst nicht verleugnen« (2 Tim 2,13).

Es steht unumstößlich fest: Gott stellt sich zu uns, weil er sich für uns entschieden hat. Diese Entscheidung hat ihn viel – das Leben seines Sohnes – gekostet. Und ich bin sicher: Wer auf dem Gebiet der Masturbation betroffen und verwundet ist, der findet bei Gott die Hilfe, die er braucht. Sie mag für jeden unterschiedlich aussehen, doch Gott wird sie dem gewähren, der ihn bittet. Wir haben sein Wort (Mt 7,7) darauf.

EXKURS

Die Entwicklung zur Homosexualität

Ein Artikel von Joseph Nicolosi, entnommen aus: »Die Andere Seite«, Dokumentation eines ökumenischen Symposiums, Christen in der Offensive e. V. 1995, mit freundlicher Genehmigung des »Deutschen Instituts für Jugend und Gesellschaft, Postfach 1220, 64382 Reichelsheim.

Homosexualität ist viel mehr ein Identitätsproblem als ein sexuelles Problem. Das sexuelle Ausleben ist nur die Manifestation einer psychologischen Befindlichkeit, bei der es um die Geschlechtsidentität geht, also darum, inwieweit jemand sich als männlich oder weiblich empfindet. Beim Jungen spielt sich die Entwicklung zur Homosexualität in verschiedenen Stadien ab.

1. Das Kleinkind (2-4 Jahre)

Im Alter von zweieinhalb bis drei Jahren beginnt das Kind wahrzunehmen, daß die Welt um es herum eingeteilt ist in männlich oder weiblich. Dies ist das Alter, in dem das Kind seine eigene Geschlechtsidentität finden muß. Es muß sich entscheiden, wohin es gehört.

Der kleine Junge, der entdeckt hat, daß die Menschen in männliche und weibliche eingeteilt sind, weigert sich zunächst, eine Entscheidung zu treffen und entwickelt vielmehr androgyne[70] Phantasien. In seiner Vorstellung kann er männlich oder weiblich sein, einen Penis haben und Kinder kriegen. Aber die Wirklichkeit des Lebens steht diesen Phantasien ebenso entgegen wie unsere Sprache, die von ›ihm‹ und ›ihr‹, ›sein‹ und ›ihrer‹ redet.

Junge und Mädchen identifizieren sich zuerst mit der Mutter. Der Junge steht vor der zusätzlichen Herausforderung, sich von der Identifikation mit der Mutter zu lösen und mit dem Vater zu identifizieren. Das ist ein anstrengendes Unternehmen für ihn. Vater und Mutter müssen dabei zusammenarbeiten, damit der Schritt gelingt. Wenn der Vater warmherzig, liebevoll und aufgeschlossen reagiert und wenn die Mutter ihren Jungen loslassen und ihm ermöglichen kann, seine Männlichkeit wahrzunehmen, fällt der Übergang leicht. Die Grundlage der Identifikation mit dem Vater und der eigenen Männlichkeit wird gelegt, wenn der Vater offen für seinen

Sohn ist, ihn ermutigt und bestätigt. Ist er kühl, desinteressiert und distanziert, ständig kritisierend oder nur strafend, wird sich der Junge bald nicht mehr dem Vater zuwenden oder sich nach ihm ausstrecken. Die erfahrene Ablehnung hat eine narzißtische[71] Kränkung hinterlassen. Der Junge distanziert sich vom Vater und damit auch vom Männlichen und wendet sich wieder der Mutter zu. Diese ›innere Distanzierung‹ oder ›defensives Abwehrverhalten‹ ist ein bei kleinen Kindern häufig zu beobachtender Schutzmechanismus. Das Kind verschließt sich emotional, um dem Schmerz auszuweichen, den das Verhalten der Eltern bei ihm verursacht.

Da Mädchen diese Phase so nicht durchlaufen müssen, ist das wohl einer der Gründe, warum es mehr männliche als weibliche Homosexuelle gibt. Es ist viel schwieriger, ein Mann zu werden als eine Frau. In sogenannten primitiven Gesellschaftsformen wurde das verstanden, wie uns u. a. deren Initiationsriten zeigen.

Die ›innere Distanzierung‹

Der homosexuell Orientierte ist ein in seinen frühen männlichen Beziehungen verletztes Kind. Der Vater ist ausgefallen oder die Beziehung zu ihm nicht gelungen. Die Gründe dafür liegen beim Vater und beim Sohn. Der Vater ist aber in jedem Fall gefühlsmäßig für den Jungen nicht zugänglich. Wahrscheinlich hatte der Junge ein paar Versuche gemacht, sich nach dem Vater auszustrecken und sich um seine Anerkennung zu bemühen. Aber er wurde verletzt, fühlte sich zurückgestoßen und hat frustriert aufgegeben. Er hat damit aber nicht nur den Kampf um Anerkennung aufgegeben, sondern auch die natürliche, männliche Eigenschaft zu kämpfen. Im kindlichen Jungen ist etwas ›kaputt‹ gegangen und er hat ein Verhalten der inneren Distanzierung nicht nur vom Vater, sondern von allem Männlichen, und damit auch von seiner eigenen Männlichkeit, entwickelt.

Das ist ein wichtiger Punkt, den man verstehen muß, wenn es um die Entstehung einer homosexuellen Orientierung geht. Es geht dabei nicht darum, irgend jemandem einen Vorwurf zu machen. Oft spielt die ganze Familien-Dynamik zusammen: ein älterer Bruder, eine besitzergreifende Mutter und eine schüchterne, leicht verletzliche Struktur im betroffenen Jungen selbst.

In der Therapie mit einem homosexuell orientierten Menschen geht es um nichts anderes als um die Auflösung dieser inneren Distanzierung. Sie ist die Haltung dem Vater gegenüber: ›Wenn du mich zurückstößt, stoße ich dich auch zurück. Wenn ich dir nicht wichtig bin, bist du auch unwichtig für mich.‹ Es ist Ausdruck der Selbstverteidigung: ›Das geschieht mir nie wieder! Ich ziehe mich zurück zur Mutter. Dich brauche ich nicht!‹

Der Junge bleibt dann in der Welt der Mutter. Diese Haltung überträgt der homosexuell Orientierte auch auf andere Männer. Obwohl er seine Beziehungen zu Männern später erotisiert, ist er unfähig, eine wirkliche emotionale Bindung mit ihnen einzugehen.

Der Vater und die Mutter

Beschäftigen wir uns noch einen Moment mit der Rolle des Vaters: Der Vater muß als wohlwollend und stark wahrgenommen werden. Ist er stark, aber ›übel-wollend‹ oder feindselig, wird der Junge sich nicht auf eine Bindung einlassen. Ist der Vater wohlwollend, aber schwach, gelingt es dem Jungen gleichfalls nicht, sich auf das Männliche einzulassen. Die für die Entwicklung nötige Identifikation mit dem Vater mißlingt.

Betrachten wir den Einfluß der Mutter, müssen wir zunächst nach ihrer Beziehung zu ihrem Ehemann fragen. Was vermittelt sie dem Sohn über seinen Vater? Ist der Vater wichtig in der Familie? Tut er etwas, das Achtung verdient und wertvoll ist für sie? Der Junge sieht den Vater zunächst durch die Augen der Mutter. Die Muter muß auf ihre Weise vermitteln, daß Männlichkeit etwas ist, wonach es sich auszustrecken lohnt.

Zum zweiten geht es darum, wie die Mutter den Sohn behandelt. Kann sie ihn loslassen? Erlaubt sie ihm, ein Mann zu werden, seine Stärke zu erleben? Oder sabotiert sie seine Versuche in diese Richtung?

Die *Amerikanische Psychologische Gesellschaft* hat vor einigen Jahren versucht, die Begriffe ›Mutter‹ und ›Vater‹ als angeblich sexistisch abzuschaffen und statt dessen nur noch von ›Elternteil‹ gesprochen. Viele Studien haben aber gezeigt, daß der Vater seine Rolle anders ausfüllt als die Mutter ihre.

Väter verhalten sich – wenn sie sich um den Sohn kümmern – nicht so sehr wie ein ›Elternteil‹, sondern sind Spielkameraden. Väter können in der Regel nichts anderes mit Kindern tun, als entweder mit ihnen zu spielen oder sie zu ignorieren. Eine entscheidende Beziehung zwischen Vater und Sohn wird in der Kleinkindphase und dann später in der sogenannten Latenzphase hergestellt, dann nämlich, wenn der Junge aktiv wird, herumrennt und so das Interesse des Vaters gewinnt.

Der Säugling ist eher ein ›statisches Objekt‹, mit dem der Vater noch nicht so viel anzufangen weiß. Er ist am besten in den Armen der Mutter aufgehoben.

In der kritischen Phase, in der sich die Geschlechtsidentität ausbildet, verbindet die beiden etwas miteinander, wenn es gut geht. Vater und Sohn spielen miteinander. Der Vater wirft den Sohn hoch und höher, das Kind bekommt Angst, sieht den Vater lachen und lacht dann mit ihm. Der Vater bringt dem Sohn hier etwas Wichtiges bei: Gefahr kann Spaß machen. Ein besonderer, ein männlicher Zug wird ihm so vermittelt.

In meinen Erfahrungen mit mehr als dreihundertfünfzig homosexuell orientierten Männern ist ein immer wiederkehrendes Thema ›Der Vater als Geheimnis‹. Sie kannten ihre Väter nicht, verstanden sie nicht, wußten nicht, was sie bewegte oder in ihnen vorging. ›In meiner Mutter konnte ich lesen wie in einem offenen Buch. Sie konnte ich manipulieren. Aber mein Vater blieb mir ein Rätsel.‹

Für den prä-homosexuellen Jungen bleibt die männliche Welt rätselhaft. Für den heterosexuellen Jungen dagegen ist Weiblichkeit das große Geheimnis.

2. Das Kind (5-12 Jahre)

Ich möchte noch einmal auf das Alter von 5-12 Jahren zu sprechen kommen, auf die sogenannte Latenzphase. Bei den prä-homosexuellen Jungen können wir typischerweise in diesem Alter ein gegengeschlechtliches Verhalten feststellen, das ›Heulsusen-Syndrom‹. In einer Anzahl von Studien wurde herausgefunden, daß es allem Anschein nach einen direkten Zusammenhang (75 %) gibt zwischen einem mädchenhaften Jungen, der vorwiegend nicht-männliches Verhalten zeigt und einer späteren Homosexualität andererseits. Wenn uns die politischen Schwulen-Bewegungen heute sagen, daß der Homosexuelle in jeder Weise dem Heterosexuellen gleicht – außer in seiner sexuellen Präferenz –, dann darf man ruhig seine Zweifel daran haben. Es stimmt nämlich nicht. Alle Männer, mit denen ich gearbeitet habe, sind liebe kleine Jungen gewesen: höflich, sauber, nett, verantwortungsbewußt. Morgens gingen sie mit einem weißen Hemd in die Schule, und wenn sie nachmittags zurückkamen, war es immer noch weiß. Dabei beneideten sie die anderen Jungen, die herumbalgten, frech, rauh und aktiv waren. Sie fühlten sich von dieser Jungen-Welt ausgegrenzt, ›entfremdet‹. Die innere Distanzierung trennte sie auch von den anderen Jungen.

Der prä-homosexuelle Junge erlebt auch eine Entfremdung von seinem eigenen männlichen Körper. Er hat ihn nicht in Besitz genommen, sondern er bleibt ein Objekt für ihn. (Untersuchungen bei lesbischen Frauen haben übrigens ergeben, daß auch sie kein Verhältnis zu ihrem weiblichen Körper haben.)

Alle meine Klienten hatten schwerwiegende Kritik an ihrem Körper: Einige fanden sich zu dunkel, andere zu hell, zu behaart oder zu wenig behaart. Diese chronische Unzufriedenheit mit dem eigenen Körper ist typisch.

3. Der Pubertierende und Adoleszente (13-19 Jahre)

Die Phase der Adoleszenz, wenn der Junge 12 und älter wird, nenne ich die ›erotische Verwandlung‹. Die psychologischen Grundlagen für die sexuelle Orientierung sind längst gelegt. Die ›erotischen Landkarten‹ sind schon geschrieben, denn das Selbstbild und die Selbstwahrnehmung als männlicher oder weiblicher Mensch haben sich weitgehend geformt und bilden die Grundlage für die erotische Anziehung. Wir erotisieren und sexualisieren ja nicht das, womit wir uns identifizieren, sondern das, was uns fehlt und fremd ist. Wir verlieben uns nicht in das Vertraute, sondern in das Andere.

4. Der Erwachsene

Charakteristisch ist die Ambivalenz des homosexuell Orientierten dem eigenen Geschlecht gegenüber. Er fühlt sich sexuell angezogen, ist aber nicht fähig, eine emotionale Bindung mit einem anderen Mann einzugehen. Er vertraut ihm nicht. Er erwartet unbewußt eine Zurückweisung. Das Muster wiederholt sich immer wieder: Auf der Suche nach Männlichkeit kommt es zu Faszination und anschließender Desillusionierung. Unbewußt geht es immer um die Hoffnung, daß der andere die eigenen Defizite in der Männlichkeit auffüllen kann. Wenn sich beide aber näher kennenlernen, entdeckt jeder, daß der andere dasselbe Problem hat.

Ein Klient beschrieb es so: ›Mein Körper steht meinem Glück immer im Weg. Ich suche nach einem wirklichen Mann. Ein wirklicher Mann will aber eine Frau, nicht mich. Ich muß mich also mit einem Mann zufriedengeben, der kein richtiger Mann ist, der selbst Minderwertigkeitsgefühle bezüglich seiner Männlichkeit hat. Wir suchen beide nach Ergänzung und finden sie nicht.‹

Typisch bei homosexuellen Männern ist auch, daß der Mangel an Aggressivität in Sexualität umgesetzt wird. Frustrationen, zusätzliche Arbeit im Geschäft, Probleme mit dem Vermieter oder einem Freund, dem gegenüber sie nicht wissen, wie sie sich behaupten können oder wie sie sinnvoll widersprechen können, werden sexuell ausgelebt. Es findet eine Sexualisierung der Aggressionen statt.

Viele der Männer, mit denen ich arbeite, haben große Schwierigkeiten, sich auszudrücken. Sie können z. B. nicht unterscheiden zwischen Vorwürfen und einer angemessenen Art, ihre Bedürfnisse zu äußern. Jeder, der mit homosexuell Orientierten arbeitet, muß sich fragen: Kann mein Klient zum Ausdruck bringen, was er wirklich will? Meistens frage ich sie: ›Was wollen *Sie* von dieser Beziehung, in dieser Situation? Sie reden von den Umständen, von dem, was andere Ihnen antun. Ich frage Sie aber jetzt: Was wollen *Sie*?‹

Homosexuell Orientierte müssen ermutigt werden, das herauszufinden, denn der liebe kleine Junge hatte sich immer angepaßt und nicht behaupten können. Er wurde nie gefragt, was er will, sondern er sollte reagieren. Viele entwickeln dann eine sehr passive Haltung, andere tun das Gegenteil und werden zu Alleinunterhaltern. Beides kommt aus einer verzerrten Wahrnehmung von sich selbst.«

WORTBETRACHTUNG

Begehren

Begehren ist etwas, was zu unserem Menschsein dazugehört. Das ist zunächst nichts anderes als die völlig wertneutrale Feststellung eines Kennzeichens. Der Mensch freut sich an sich selbst und hat Begierde danach, seine elementaren Lebensbedürfnisse zu stillen. Begehren meint den Menschen in seiner Ganzheit, seinen Körper und seine Psyche, sein Fühlen und sein Denken. Der Körper macht auf seine Bedürfnisse aufmerksam und bewegt dadurch unsere Gedanken; die Phantasie stellt sich Begehrenswertes vor und wirkt damit auf die Körperfunktionen zurück. Das wird deutlich am Beispiel von Hunger. Der Mensch verspürt Hunger und stellt sich ein saftiges Steak (oder was auch immer er gerne ißt …) vor. Bedürfnis und Phantasie spielen zusammen.

Das, was grundsätzlich gut ist, kann aber auch mißbraucht werden. Begehren wird zur Gier. Hier spricht die Bibel dann sehr differenziert vom Begehren, sie unterscheidet sehr wohl, was natürlich und ungefährlich ist, und was nicht. Dazu gebraucht sie zwei Ausdrücke, die wohl den gleichen Wortstamm haben, aber in unterschiedlichen Formen gebraucht werden.

Der Wortstamm ist *epithymia* und bedeutet »Begehren, Begierde.« Der Ausdruck für die negative Bedeutung klingt noch an: *epithymeo*. Das meint »begehren, verlangen«. Positives Begehren drückt die Bibel mit *epipotheo* aus. Schauen wir uns den Vergleich der beiden Worte in ihrem Gebrauch im Neuen Testament an.

Epithymeo

- Matthäus Kapitel 5, Vers 28: »Ich aber sage euch, daß jeder, der eine Frau ansieht, um sie zu begehren, schon Ehebruch mit ihr begangen hat in seinem Herzen.«

- Lukas Kapitel 15, Vers 16: »Und er begehrte seinen Bauch zu füllen mit den Schoten, die die Schweine fraßen …«
- Apostelgeschichte Kapitel 20, Vers 33: »Ich habe von niemandem Silber oder Gold oder Kleidung begehrt.«
- Römer Kapitel 7, Vers 7: »Was sollen wir nun sagen? Ist das Gesetz Sünde? Das sei ferne! Aber die Sünde hätte ich nicht erkannt als nur durch Gesetz. Denn auch von der Lust (Begierde) hätte ich nichts gewußt, wenn nicht das Gesetz gesagt hätte: Laß dich nicht gelüsten.«
- 1 Korinther Kapitel 10, Vers 6: »Diese Dinge aber sind als Vorbilder für uns geschehen, damit uns nicht nach bösen Dingen gelüstet, wie es jene gelüstete …«
- Galater Kapitel 5, Vers 17: »Denn das Fleisch begehrt gegen den Geist auf, der Geist aber gegen das Fleisch; denn diese sind einander entgegengesetzt, damit ihr nicht das tut, was ihr wollt.«
- 1 Timotheus Kapitel 3, Vers 1: »Das Wort ist gewiß: wenn einer nach einem Aufseherdienst trachtet, so begehrt er ein schönes Werk.«
- Jakobus Kapitel 4, Vers 2: »Ihr begehrt und habt nichts; ihr tötet und neidet und könnt nichts erlangen; ihr streitet und führt Krieg. Ihr habt nichts, weil ihr um nichts bittet.«
- Offenbarung Kapitel 9, Vers 6: »Und in jenen Tagen werden die Menschen den Tod suchen und werden ihn nicht finden und werden zu sterben begehren, und der Tod flieht vor ihnen.«

Diese Belege drücken aus, in welcher Form *epithymeo* gebraucht wird. Das unstete Suchen und »Haben-wollen«, die Gier und das Trachten nach Besitz und Anerkennung stehen hier im Mittelpunkt. Das widerspricht dem Willen Gottes. Begehren ist hier losgelöst von den Notwendigkeiten des Lebens und sucht die Erfüllung von Prestige oder Luxus. Wer in Gier nach dem entbrennt (also unbedingt haben will, was auch immer es kostet), was nicht zur Erhaltung des eigenen Lebens oder des Lebens von anderen dient, der wird vor Gott schuldig.

Epipotheo

- Römer Kapitel 1, Vers 11: »Denn mich verlangt sehr, euch zu sehen, damit ich euch etwas geistliche Gnadengabe mitteile, um euch zu befestigen …«
- 2 Korinther Kapitel 5, Vers 2: »… denn in diesem freilich seufzen wir und sehnen uns danach, mit unserer Behausung aus dem Himmel überkleidet zu werden …«
- Philipper Kapitel 1, Vers 8: »Denn Gott ist mein Zeuge, wie ich mich nach euch allen sehne mit der herzlichen Liebe Christi Jesu.«

- 1 Thessalonicher Kapitel 3, Vers 6: »Da jetzt aber Timotheus von euch zu uns gekommen ist und uns die gute Botschaft brachte von eurem Glauben und eurer Liebe, und das ihr uns allezeit in gutem Andenken habt und sehr verlangt, uns zu sehen ...«
- 2 Timotheus Kapitel 1, Vers 4: »... voll Verlangen, dich zu sehen – eingedenk deiner Tränen –, um mit Freude erfüllt zu werden. Denn ich erinnere mich des ungeheuchelten Glaubens in dir ...«
- Jakobus Kapitel 4, Vers 5: »Oder meint ihr, daß die Schrift vergeblich rede: Eifersüchtig sehnt er [Gott] sich nach dem Geist, den er in uns wohnen ließ?!«
- 1 Petrus Kapitel 2, Vers 2: »... und seid wie die neugeborenen Kinder begierig nach der geistigen, unverfälschten Milch – damit ihr durch sie wachset zur Errettung ...«

Hier wird auch von starker Sehnsucht, von Begierde geredet. Jedoch in einem ganz anderen Zusammenhang. Sehnsucht nach der geistlichen Gemeinschaft mit Menschen ist etwas Gutes, Gottgewolltes. Begierig etwas aufzusaugen, was dem Wachstum, ob nun biologisch oder geistlich verstanden, dient, ist gut. Ja, es ist sogar notwendig.

Es stimmt also, daß ein Begriff in verschiedener Weise geführt und gefüllt werden kann. Auch wenn der Wortstamm gleich ist, kann die Bedeutung sehr unterschiedlich sein.

Begehren hat eine negative und eine positive Seite. Im Zusammenhang mit den sexuellen Phantasien bei der Masturbation haben wir es mit der negativen zu tun. Da begehrt ein Mensch einen anderen, nicht wirklich liebevoll, personal, sondern schlicht nur aus einem Grund, ein Objekt für seine sexuelle Stimulation zu haben. Das aber hat nichts mit lebenswichtigen Vollzügen zu tun, ganz zu schweigen von seinem »Nutzen« für das geistliche Wachstum. Wenn Gott uns daher ans Herz legt: »Du sollst nicht begehren!«, dann ist das ein kostbarer Schutz für den Menschen, niemals als Objekt herabgewürdigt zu werden. Gleichzeitig ist es eine unüberhörbare Warnung an unser modernes Denken, das selbstverständlich davon ausgeht, was in unseren Gedanken abläuft sei wertneutrale Privatsache.

EXKURS

Interview mit Richard

(Name geändert)

Richard, worin siehst du den Hauptgrund für deine persönliche Masturbation? Ist es ein zu starker Sexualtrieb, oder fehlt dir im Grund etwas anderes?

»Ich würde schon sagen, daß es zwei verschiedene Gründe gibt, warum ich masturbiere. Der eine ist sicher der ganz normale Sexualtrieb; ob er besonders stark ist, kann ich nicht beantworten. Jedenfalls merke ich, wenn der Drang aus diesem natürlichen Bedürfnis kommt. Dann kann ich ihn auch überwinden, bzw. mich ablenken. Sport, Arbeit oder ähnliches helfen mir dabei. Kommt der Drang aber aus einem seelischen Defizit (und das ist sicher häufiger der Fall), dann ist ausweichen so gut wie unmöglich. Dieses seelische Defizit würde ich am besten mit einem inneren Unausgeglichensein vergleichen. Nicht unbedingt Minderwertigkeit, aber vielfach offene Fragen, innere Unruhe, Unsicherheit, wohin und zu wem ich gehöre.«

»Was sind dann die Situationen, die dich am meisten ›anmachen‹?«

»Das sind nie einzelne Situationen, sondern eine Aneinanderreihung von Gedanken, die sich dann meist über Tage hin verdichten. Am Anfang sind es Gedanken, Bilder vor meinem inneren Auge, wo ich mich mit irgendeiner Frau, deren Gesicht ich nicht erkenne, in zärtlicher Umarmung sehe. Diese Vorstellungen gehen dann immer mehr in Richtung Geschlechtsverkehr und dann ist die Erregung in Wirklichkeit so groß wie im Traum und ich muß mir irgendwie Luft machen …«

»Du hast mir von den Pornos erzählt. Was war da zuerst, der Porno, die Gedanken, die Masturbation?«

»Die Pornos waren zuerst. Und es fing mit harmlosen Fernsehzeitungen und Blättchen wie NEUE REVUE *an. Der Wunsch nach einer Freundin und Zärtlichkeit war irgendwie so lange da, wie ich zurückdenken kann. Schon in der Grundschule. Dazu kam es aber nie und die Heftchen und später die pornographische Literatur (keine Bilder, sondern literarische Werke) gaben einen scheinbaren Ersatz.«*

»Wie gehst du dann einer starken sexuellen Erregung aus dem Weg, damit den Gedanken keine Tat folgt?«

»Da ich in allen Bereichen des Lebens eine ausgeprägte Phantasie habe, die sich natürlich auch auf den angesprochenen Bereich auswirkt, liegt die Hilfe nur darin, die Phantasiebildung im Keim zu ersticken. Ab einem gewissen Punkt gibt es kein Zurück mehr. Eine Motivation, die Gedanken echt ›abzuschalten‹, ist mir die logische Überlegung, daß ich bei der Masturbation ja eigentlich gar nicht erlebe, was ich mir wünsche.«

»Wie erfolgreich ist diese Methode, oder andersherum: Wie oft schaffst du es damit nicht, zu widerstehen?«

»Ich glaube, von Methode kann hier gar nicht die Rede sein. Jedesmal ist es ganz neu und anders, und immer, wenn es wieder passiert ist, weiß ich hinterher nur: Ich hätte vorher nicht träumen sollen! Eine Statistik kann ich nicht aufstellen. Ich kann nur sagen, daß die Versuchung oder der sexuelle Drang mit Regelmäßigkeit jede Woche kommt. Und daß es Zeiten gibt, wo mich das überhaupt nicht anmacht, und Phasen, wo ich regelmäßig nachgebe.«

»Was geht in dir ab, vom Moment der Erregung über den Akt selbst bis hin zum ›Augenblick danach‹?«

»Die Bilder empfinde ich oft als sehr schön, den Vorgang selbst als etwas, was ich gar nicht will, anschließend fühle ich mich besiegt.«

»Glaubst du, daß die Masturbation dir gut tut, oder siehst du dabei auch Probleme, Gefahren?«

»Natürlich weiß ich, daß sie mir nicht gut tut, genauso wenig, wie es meiner Beziehung zu meiner späteren Frau gut tun wird. Dieser Gedanke, nicht verzichten zu können, und damit evtl. auch meine Frau

zu kränken, macht mir Angst. Aber ich sehe in dieser Angst auch klar die Schliche des Teufels. Zuerst verführt er und dann klagt er an.«

»Hältst du die Masturbation für einen ›gangbaren Weg‹ für einen ledigen Menschen, der keinen Geschlechtsverkehr praktizieren möchte?«

»Nein. Rein biologisch brauchen wir keinen Geschlechtsverkehr für unser Wohlbefinden. Der Geschlechtsverkehr hat also nur einen ›Sinn‹ in einer seelischen Beziehung zum anderen und dann auch nur da, wo durch Sexualität Liebe ausgedrückt wird. Masturbation ist immer Täuschung und bringt Leere statt Erfüllung.«

»Beeinträchtigt die Masturbation Beziehungen zu Menschen oder zu Gott?«

»Zu Menschen ja, durch die Angst, die mir die Masturbation im Blick auf meine zukünftige Beziehung in der Ehe macht. Zu Gott nur da, wo ich an der geschehenen Tat bewußt festhalte, die Schuld nicht abgebe. Das führt zum Teil zu längeren ›Flauten‹ im Umgang mit Gott.«

Kapitel 8

Muß man tun, was man tut?

Was fehlt noch? Vielleicht noch einige Gedanken zum »Ego-do-it-yourself-sex«. Immer wieder ist das eins der deutlichen Motive zum Masturbieren. Da fragt mich ein junger Mann: »Warum soll ich mir nicht etwas Gutes tun?« und versucht damit, eine Begründung für die Masturbation zu finden. So einfach ist es aber nicht. Ich würde zustimmen, wenn jemand absolut ohne jeden sexuell begehrlichen Gedanken an einen anderen Menschen, und ohne jede Andeutung von Abhängigkeit an sein Tun masturbiert, daß eine solche Begründung eine gewisse Berechtigung haben könnte. Aber gibt es das in der Wirklichkeit? Aus den bereits besprochenen Fakten scheint hervorzugehen, daß damit wohl nicht zu rechnen ist. Aber noch einmal – hier ist nicht die Masturbation das Verwerfliche, sondern die Ursache.

Masturbiert jemand, nur um sich selbst kräftige Streicheleinheiten zukommen zu lassen, ist er letztlich nur auf sich selbst fixiert. Er denkt zu stark an sich, ist in Gefahr, die anderen aus dem Blick zu verlieren. Seine Egozentrik kann auch in anderen Gebieten auftauchen und sein Leben bestimmen. Dieser Prozeß dient nicht dem menschlichen Miteinander.

Masturbiert jemand, weil er denkt: immer noch besser, als mit einem Partner ins Bett zu steigen, dann ist er Opfer der Triebtheorie, wie wir bereits gesehen haben. Masturbiert jemand mit dem Argument, daß die Menschen früher sehr viel eher heirateten und damit auch eher in der Lage waren, Sexualität auszuleben, ist er ebenfalls in die Freudsche Falle getappt. Der Sexualtrieb muß nicht unbedingt gestillt werden; viele Menschen leben ohne praktizierte Sexualität.

Ich kann also nur zu dem Schluß kommen, daß Masturbation nicht sein muß. Der Mensch ist dazu geschaffen, seine Sexualität wie alle anderen Anlagen zu beherrschen. Der *Mensch* soll herrschen – nicht die Sexualität. Wer sagt, sein Trieb sei zu stark, um ihn beherrschen zu können, begeht einen folgenreichen Denkfehler. Zum einen läßt er sich von vornherein, wie wir bereits gesehen haben, einen gedanklichen Ausweg (besser: Entschuldigungsgrund) offen. Zum anderen hat er noch nicht verstanden, welche entscheidende Rolle die Gedankenwelt bei dem Ganzen spielt. Wir sind nicht den Vorstellungen und Phantasien ausgeliefert – so zwingend sie uns zunächst erscheinen mögen. In den meisten Fällen fängt eben auch die Masturbation im Kopf an! Auch wenn es verrückt klingt: Masturbation kann überwunden werden – wenn ich überwinde, was mich zur Masturbation treibt.

Klingt das brutal? Macht das Angst vor dem eigenen Versagen? Mich tröstet ein Ausruf des Paulus, einem der größten und geachtetsten Gottesmänner (Röm 7,14ff):

> »Denn wir wissen, daß das Gesetz geistlich ist, ich aber bin fleischlich unter die Sünde verkauft; denn was ich vollbringe, erkenne ich nicht; denn nicht, ws ich will, das tue ich, sondern was ich hasse, das übe ich aus. Wenn ich aber das, was ich nicht will, ausübe, so stimme ich dem Gesetz bei, daß es gut ist. Nun vollbringe aber nicht mehr ich es, sondern die in mir wohnende Sünde. Denn ich weiß, daß in mir, das ist in meinem Fleisch, nichts Gutes wohnt; denn das Wollen ist bei mir vorhanden, aber das Vollbringen des Guten nicht.
> Denn das Gute, das ich will, übe ich nicht aus, sondern das Böse, das ich nicht will, das tue ich … ich elender Mensch! Wer wird mich retten von diesem Leibe des Todes?
> Dank sei Gott durch Jesus Christus, unseren Herrn!«

Unser Leben wird niemals vollkommen sein. Was wir tun können und tun sollen, ist Jesus immer ähnlicher zu werden. Das ist es, was unser Vater im Himmel in uns sucht; die Ähnlichkeit mit seinem Sohn. Diese Verwandlung aber geschieht nicht von heute auf morgen. Und der Prozeß, den wir dabei durchmachen, führt durch eine Menge von traurigen und frustrierenden Erfahrungen. Entscheidend ist dabei nur, daß wir den Willen und den Mut zum Weitermachen nicht aufgeben.

Gott ist ein gnädiger Gott. Und er sieht genau, was in unserem Herzen los ist. Er kennt das Sehnen nach Befreiung von schlechten Angewohnheiten. Und, mal ehrlich: Wenn Gott uns so sehr lieb hat, daß er Jesus für uns hingab, als wir noch überhaupt kein Interesse an ihm hatten – sollte er sich nun von unserem Versagen abschrecken lassen, jetzt, wo wir seine Kinder sind?

Ich möchte Mut machen, nicht stehen zu bleiben. Versagen ist kein Grund zum Aufgeben. Gottes Gnade ist genial. Aber ich möchte auch aufrufen, sich von den Lügen der Vergangenheit zu trennen und deutlich zu distanzieren. Meine Dozentin für Seelsorge beim Studium hatte stets zwei Merksätze parat, die wir in- und auswendig lernen sollten:

»Unmöglich ist ein unmögliches Wort für Gott.«

»Bei Gott gibt es keine hoffnungslosen Fälle.«

Die Entschlossenheit, sich nicht mit weniger zufrieden zu geben, als Gott tun will und tun kann, verbunden mit einem tiefen Vertrauen auf Gottes nie endende Gnade, ist der beste Ansatz, mit der Masturbation und ihren Ursachen zu brechen.

LITERATUR

- **Böttcher Hans**, Streit um Sex,
  Aussaat Verlag, Wuppertal 1970

- **Dietrich Michael**, Handbuch Psychologie und Seelsorge,
  Brockhaus Verlag, Wuppertal 1989

- **Family** 4/94, Bundesverlag Witten

- **Eibach Ulrich**, Der Wandel moralischer Werte als
  Herausforderung christlicher Gemeinden,
  Hrsg.: CVJM Gesamtverband in Deutschland e.V., Kassel, o. J.

- **Faßnacht Dieter**, Schriftenreihe zur Sexualethik – Selbstbefriedigung,
  Verlag Moritz Diesterweg, München 1973

- **Field David**, Homosexualität – Was sagt die Bibel wirklich?
  Edition Trobisch, Kehl 1982

- **Flückinger Andreas**, Arbeitshilfe für Seelsorger,
  Präsenz-Verlag der Jesus Bruderschaft Gnadenthal, 1987

- **Großmann Siegfried**, Lebendige Liebe – Sexualität und Ehe als Gabe Gottes,
  Oncken Verlag, Wuppertal 1993

- **Hassenstein Bernhard**, Verhaltensbiologie des Kindes,
  Piper Verlag, München 1987

- **Heil Hans-Joachim,** Mithrsg.: Der sexte Sinn,
  Hänssler-Edition Trobisch, Neuhausen 1988

- **Kelsey Morton & Barbara**, Sünde, Tabu oder Geschenk – Sexualität und ihre
  psychologischen und spirituellen Aspekte,
  Claudius Verlag, München 1994

- **La Haye Tim**, Aufklären – aber wie?
  Schulte und Gerth Verlag, Asslar 1991

- **Müller Harry**, Weil Du Du bist – befreite und erfüllte Sexualität,
  Hänssler Verlag, Neuhausen 1992

- **Naujokat Gerhard**, Verschwiegene Gefühle,
  Weißes Kreuz, Kassel 1992

- **Nicolosi Joseph**, entnommen aus: Die andere Seite,
  Christen in der Offensive e.V., Reichelsheim 1995

- **Packer James I.**, Gott erkennen – Das Zeugnis vom einzig wahren Gott,
  Verlag der Liebenzeller Mission, Bad Liebenzell 1988

- **Remplein Heinz**, Die seelische Entwicklung des Menschen in Kindes- und Jugendalter,
  Ernst Reinhardt Verlag, München 1969

- **Ernst Rudin**, Mithrsg.: Arbeitshilfe für Seelsorger,
  Präsenz-Verlag der Jesus Bruderschaft Gnadenthal, 1987

- **Stafford Tim**, Liebe, Sex und Du,
  Schulte und Gerth, Asslar 1987

- **Wanner Walter**, Wer bin ich – wer bist Du? Handbuch Jugendpsychologie,
  Brunnen Verlag, Gießen 1984

- **White John**, Eros – Segen oder Fluch?
  Hänssler Verlag, Neuhausen 1979

- Theologisches Begriffslexikon zum Neuen Testament,
  Brockhaus Verlag, Wuppertal 1986

- Lexikon der Psychologie,
  Herder Verlag, Freiburg 1987

- Biblisches Wörterbuch,
  Brockhaus Verlag, Wuppertal 1986

- The Englishman's Greek Concordance of the New Testament,
  Zondervan Publishing House, Michigan 1981

- Holy Bible, New International Version,
  International Bible Society, New Jersey 1984

- Das Neue Testament, Interlinearübersetzung Griechisch-Deutsch,
  Hänssler Verlag, Neuhausen 1989

- Elberfelder Bibelübersetzung

- »Hoffnung für Alle«-Bibelübersetzung

ANMERKUNGEN

1 Andreas **Flückinger** in: *Arbeitshilfe für Seelsorger*, Präsenz-Verlag der Jesus Bruderschaft, Gnadenthal 1987, S. 48

2 Damit der Name eines Geschlechtes nicht ausstirbt kennt Israel die Schwagerehe (Leviratsehe). Wenn ein Mann kinderlos stirbt, so ist sein Bruder verpflichtet, die Witwe zu heiraten und ihm »Samen zu erwecken« (Dtn 25,5-10; Gen 38,8). Der erste Sohn aus dieser Verbindung trägt den Namen des verstorbenen Bruders und gilt als sein Erbe.

3 Andreas **Flückinger**, Arbeitshilfe, aaO., S. 48

4 aaO., S. 48

5 G. D. **Wilson**, in: *Lexikon der Psychologie* Bd. 2, Herder Verlag Freiburg 1987, S. 1026

6 Michael **Dietrich**, in: *Family* 4/94, Bundesverlag Witten, S. 74

7 Michael **Dietrich**, aaO., S.74

8 Tim **Stafford**, *Liebe, Sex und Du*, Schulte und Gerth Verlag Asslar 1987, S. 118

9 Heinz **Remplein**, *Die seelische Entwicklung des Menschen im Kindes- und Jugendalter*, Ernst Reinhard Verlag München 1969, S. 383f

10 zit. in: Gerhard **Naujokat**, *Verschwiegene Gefühle*, Weißes Kreuz Kassel 1992, S. 14

11 zit. in: Hans **Böttcher**, *Streit um Sex*, aaO., S. 94

12 zit. in: aaO., S. 95

13 aaO., S. 95

14 zit. in: Hans Joachim **Heil**, *Der sexte Sinn*, Hänssler-Edition Trobisch 1988, S. 98

15 zit. in: Morton & Barbara **Kelsey**, *Sünde, Tabu oder Geschenk – Sexualität und ihre psychologischen und spirituellen Aspekte*, Claudius Verlag München 1994, S. 270

16 aaO., S. 271

17 zit. in: Gerhard **Naujokat**, *Verschwiegene Gefühle*, aaO., S. 15f

18 zit. in: Hans **Böttcher**, *Streit um Sex*, aaO., S. 96

19 zit. in: aaO., S. 95

20 Heute müssen wir vor medizinischem Hintergrund davon ausgehen, daß Selbstbefriedigung keine körperlichen Schäden hervorruft und daß man sie auch gar nicht übertreiben kann, weil der Körper einfach nicht mehr reagiert, wenn man ihm keine Pause gönnt. Prof. Michael **Dietrich** in: *Family* 4/94, aaO, S. 74

21 *Let's talk about Sex*, herausgegeben vom: AIDS-Schulungs- und Informationszentrum der Landeszentrale für Gesundheitsförderung in Rheinland-Pfalz e.V., 1994

22 zit. in: Hans **Böttcher**, *Streit um Sex*, aaO., S. 97

23 zit. in: aaO., S. 97
Diese Zitate sind entnommen aus: Alex **Comfort**, *Der aufgeklärte Eros – Plädoyer für eine menschenfreundliche Sexualmoral*, München 1964

24 zit. in: Gerhard **Naujokat**, *Verschwiegene Gefühle*, aaO., S. 19f

25 Daniel, in: *Bravo Girl,* 15.11.1994, Heinrich Bauer Spezialzeitschriftenverlag München

26 *Bravo*, 17. November 1994, Heinrich Bauer Spezialzeitschriftenverlag München

27 Stiftung Warentest, *Sex ohne Angst*, Berlin 1994

28 zit. in: Tim **Stafford**, *Liebe ...*, aaO., S. 114

29 Michael **Dietrich**, *Family* 4/94, aaO., S. 74

30 Ulrich **Eibach**, *Der Wandel moralischer Werte als Herausforderung christlicher Gemeinden*, Hrsg.: CVJM-Gesamtverband in Deutschland e.V. Kassel, S. 19f

31 Nach Sigmund Freud findet in der Entwicklung der Sexualität eine Dreiteilung in die infantile Sexualität, die von der Geburt bis etwa zum Verlangen nach Lust ohne Beziehung zur Fortpflanzung gekennzeichnet ist, die Latenzzeit, die ungefähr vom 7. bis 11./12. Lebensjahr dauert und ein Absinken der Sexualität ins Unbewußte bringt, und schließlich die Pubertät, die durch Unterordnung des Luststrebens unter die Genitalzone und damit unter die Fortpflanzung zur Erwachsenensexualität überleitet. Die Phase der infantilen Sexualität wird wiederum in drei Phasen aufgeteilt, wobei sich die Gruppen vom jeweiligen Gegenstand des Lustgewinns abheben: die orale Phase (1. Lebensjahr), die anale Phase (2.-3. Lebensjahr) und die phallische Phase (4.-6. Lebensjahr). vgl.: Heinz **Remplein**, *Die seelische Entwicklung des Menschen im Kindes- und Jugendalter*, Ernst Reinhardt Verlag München 1969, S. 119f

32 Heinz **Remplein**, *Die seelische Entwicklung*, aaO., S. 264

33 Bernhard **Hassenstein**, *Verhaltensbiologie des Kindes*, Piper Verlag München 1987, S. 212f und 476f

34 zit. in: aaO., S. 212-213 und 476-477

35 z. B. befriedigende Erlebnisse im Bereich der kreativen Darstellung, beim Bauen oder Helfen im Haushalt

36 Hassenstein, aaO., S. 477

37 John White drückt es wie folgt aus: »Nach Ansicht der Verhaltensforscher, die die Theorie des erlernten Verhaltens unterstützen, unterscheidet sich Selbstbefriedigung in keiner Weise von anderen Formen erlernten Verhaltens. Das Erlernte ist tief verwurzelt. Aufgrund des erotischen Vergnügens, womit der Masturbierende belohnt wird, hat er sich selbst programmiert, sich zu befriedigen. Seine persönliche Einstellung zur Selbstbefriedigung spielt keine Rolle. Er wird fortfahren, Selbstbefriedigung zu betreiben, es sei denn, er wird neu programmiert.« John **White**, *Eros – Segen oder Fluch?*, Hänssler Verlag Neuhausen Stuttgart 1979, S. 40

38 zit. in: Bernhard **Hassenstein**, *Verhaltensbiologie*, aaO., S. 477

39 zit. in: Heinz Remplein, Die seelische Entwicklung, aaO., S. 382

40 nach dem Duden: unwillkürlicher Samenerguß im nächtlichen Schlaf

41 Tim **Stafford**, *Liebe, Sex und Du*, Schulte und Gerth Verlag Asslar 1978, S. 112

42 zit. in: Harry **Müller**, *Weil Du Du bist – befreite und erfüllte Sexualität*, Hänssler Verlag Neuhausen Stuttgart 1992, S. 63

43 Tim **Stafford**, *Liebe ...*, aaO., S. 111

44 Das Problem der Selbstbefriedigung, Weißes Kreuz Kassel, ohne Jahresangabe, S. 5
45 aaO., S. 4; desweiteren ist folgendes Zitat zu beachten: »Das Gelingen der Verführung wird leider unwissend von vielen Eltern unterstützt, weil sie eine rechtzeitige geschlechtliche Unterweisung und Erziehung ihrer Kinder versäumen«.
46 aaO., S. 114-115
47 zit. in: John **White**, *Eros ...*, aaO., S. 37
48 zit. in: Tim **Stafford**, *Liebe ...*, aaO., S. 115
49 Dieter **Faßnacht**, *Schriftenreihe zur Sexualethik – Selbstbefriedigung*, Verlag Moritz Diesterweg München 1973, S. 22f
50 zit. in: Tim **Lahaye**, *Aufklären – aber wie?*, Schulte und Gerth Verlag Asslar 1991, S. 86
51 zit. in: *Das Problem der Selbstbefriedigung*, Weißes Kreuz, aaO., S. 7
52 **Arnold, Eysenck** und **Meili**, *Lexikon der Psychologie*, Bd. 2, Herder Bücherei Freiburg 1987, S. 990
53 Michael **Dietrich**, *Handbuch Psychologie und Seelsorge*, Brockhaus Verlag Wuppertal 1989, S. 63
54 L. J. **Pongratz**, in: *Lexikon der Psychologie* Bd. 1, Herder Bücherei Freiburg 1987, S. 266
55 zit. in: Harry **Müller**, *Weil Du Du bist*, aaO., S. 64
56 E. J. **Haeberle**, *Die Sexualität des Menschen*, Walter de Gruyter Verlag
57 Werner **Habermehl**, *Sexualverhalten der Deutschen*, Heyne Sachbuch 223
58 vgl.: Tim **Stafford**, *Liebe ...*, aaO., S. 118
59 »*Über den Umgang mit Liebe, Sexualität, Verhütung und Schwangerschaft*« – eine Broschüre für Jugendliche, Hrsg.: Bundeszentrale für gesundheitliche Aufklärung, 51101 Köln, 1993
60 aaO., S. 119
61 zit. in: Walter **Wanner**, *Wer bin ich – wer bist Du?*, Handbuch Jugendpsychologie, Brunnen Verlag Gießen 1984
62 zit. in: Gerhard **Naujokat**, *Verschwiegene Gefühle*, aaO., S. 51
63 zit. in: David **Field**, *Homosexualität – was sagt die Bibel wirklich?*, Edition Trobisch Kehl 1982
64 zit. in: Harry **Müller**, *Weil Du Du bist,* aaO., S. 65
65 zit. in: John **White**, *Eros ...*, aaO., S. 34
66 zit. in: Harry **Müller**, *Weil Du Du bist*, aaO., S. 65
67 Siegfried **Großmann**, *Lebendige Liebe – Sexualität und Ehe als Gabe Gottes*, Oncken Verlag Wuppertal 1993
68 »Dran« 3/94, Hrsg.: Bundesverlag GmbH Witten
69 zit.: James I. **Packer**, *Gott erkennen – Das Zeugnis vom einzig wahren Gott*, Verlag der Liebenzeller Mission Bad Liebenzell 1988, S. 37
70 *Androgyn*: Mann, der sich in geschlechtlicher Beziehung als Weib fühlt, mannweiblich, doppelgeschlechtlich
71 *Narzißmus*: in der Psychoanalyse gebraucht als »Verliebtheit in das eigene Ich«, hier verstanden als Verletzung der Haltung zu sich selbst, Kränkung des Selbstwertgefühls.

- »Let's talk about Sex«, herausgegeben vom:
  Aids – Schulungs- und Informationszentrum der Landeszentrale für Gesundheitsförderung in Rheinlandpfalz e.V. 1994

- »Sex ohne Angst«, herausgegeben von:
  Stiftung Warentest, Berlin 1994

- »Bravo Girl« 15. 11. 1994,
  Heinrich Bauer Spezialzeitschriftenverlag, München

- »Bravo« 17.11.1994,
  Heinrich Bauer Spezialzeitschriften Verlag, München

- »Dran« 3/94,
  Bundesverlag Witten

BEFREIENDE WAHRHEIT

Bisher sind folgende Journale erschienen:

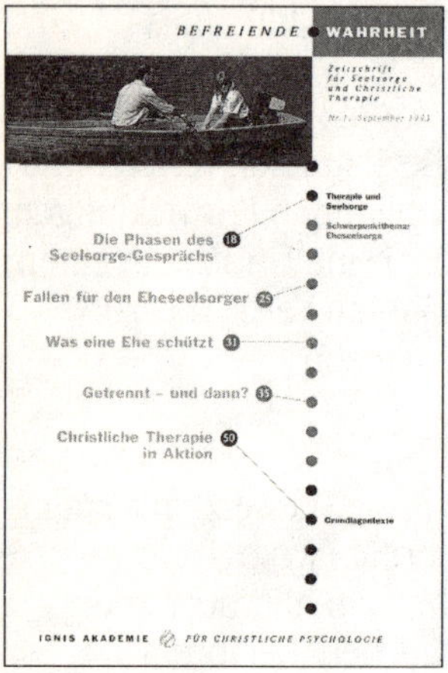

Thema: Eheseelsorge

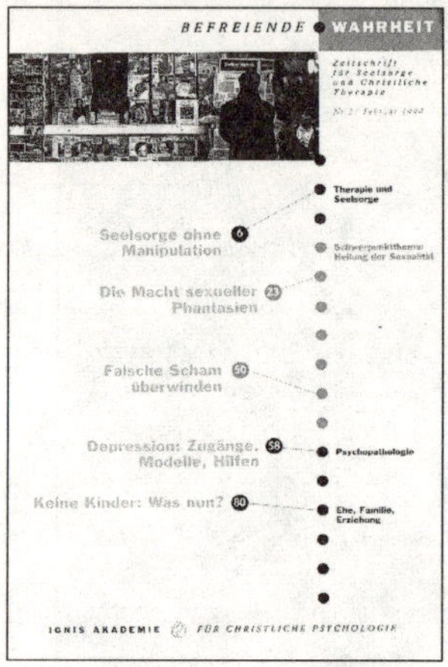

Thema: Heilung der Sexualität

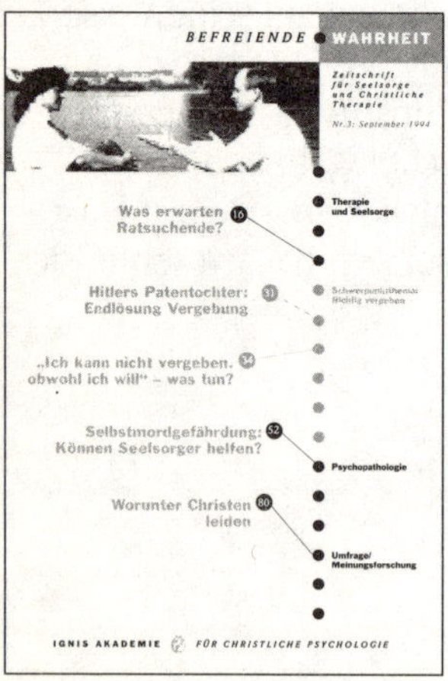

Thema: Richtig vergeben

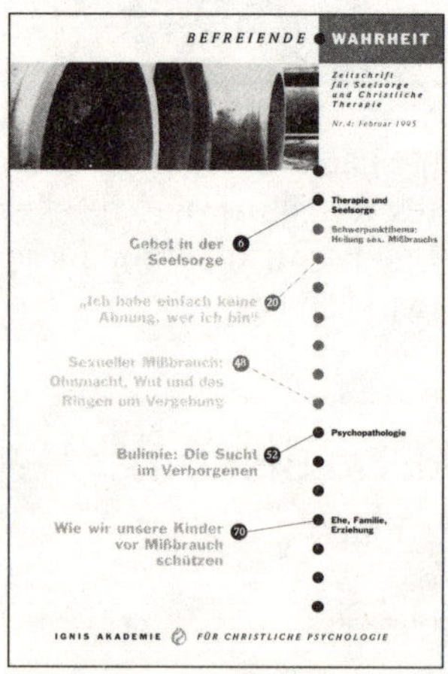

Thema: Heilung sex. Mißbrauchs

Zu beziehen bei:

Projektion J
Buch- und Musikverlag GmbH, Rheingaustr. 132
65203 Wiesbaden

Telefon-Bestellung:
(06 11) 96 7 96 - 0

Fax-Bestellung:
(06 11) 96 7 96 - 77

Oder in Ihrer Buchhandlung.

Das IGNIS-Journal erscheint dreimal im Jahr!

Einzelheft:
DM/sfr 12,50 / öS 98,-

Im Abonnement:
DM/sfr 35,– / öS 273,-
(inkl. Porto)